EXPLICATION

DE

LA LOI DU 21 MAI 1858

CONTENANT DES MODIFICATIONS AU CODE DE PROCÉDURE CIVILE,

EN MATIÈRE DE

SAISIE IMMOBILIÈRE

ET

D'ORDRE,

Par M. Gustave BRESSOLLES,

PROFESSEUR A LA FACULTÉ DE DROIT, MEMBRE DE L'ACADÉMIE DE LÉGISLATION
DE TOULOUSE.

(Extrait du Recueil de l'Académie de Législation, 1858).

TOULOUSE

IMPRIMERIE DE BONNAL ET GIBRAC

RUE SAINT-ROME, 46.

1858.

LOI DU 21 MAI 1858

CONTENANT DES MODIFICATIONS AU CODE DE PROCÉDURE CIVILE,

EN MATIÈRE

DE SAISIE IMMOBILIÈRE ET D'ORDRE.

EXPLICATION

DE

LA LOI DU 21 MAI 1858

CONTENANT DES MODIFICATIONS AU CODE DE PROCÉDURE CIVILE,

EN MATIÈRE DE

SAISIE IMMOBILIÈRE

ET

D'ORDRE,

Par M. Gustave BRESSOLLES,

PROFESSEUR A LA FACULTÉ DE DROIT, MEMBRE DE L'ACADÉMIE DE LÉGISLATION DE TOULOUSE.

(Extrait du Recueil de l'Académie de Législation, 1858).

TOULOUSE

IMPRIMERIE DE BONNAL ET GIBRAC

RUE SAINT-ROME, 46.

1858.

EXPLICATION

DE LA LOI DU 21 MAI 1858

Contenant des modifications au Code de Procédure civile,

EN MATIÈRE

DE SAISIE-IMMOBILIÈRE ET D'ORDRE.

SOMMAIRE.

APERÇUS PRÉLIMINAIRES.

CHAPITRE Ier.

Des formalités qui précèdent l'Ordre et de l'ouverture de l'Ordre.

SECTION Ire. — PRÉLIMINAIRES DE L'ORDRE APRÈS EXPROPRIATION FORCÉE.

§ 1. — *De la transcription du jugement d'adjudication.*

CHAPITRE II.

De la confection de l'Ordre.

31. Idée générale de cette partie du sujet.

SECTION 1re. — SOMMATION DE PRODUIRE ET DÉNONCIATION DE L'OUVERTURE DE L'ORDRE.

32. Sommation, 753 ; qui l'on doit sommer? Contenu de la sommation. Dénonciation à l'adjudicataire, 753; mention de l'art. 776.

SECTION II. — PRODUCTION DES CRÉANCIERS.

33. Art. 754 ; délai et forme de la production : sanction du délai, 755.
34. *Quid* des créanciers à hypothèques légales non inscrites? 717, 772 et 754. Résumé du système de la loi du 21 mai 1858, sur la survie du droit de préférence.

SECTION III. — DE L'ÉTAT DE COLLOCATION PROVISOIRE.

35. Matière et division de cette section.

§ 1. — *Rédaction de l'Ordre provisoire.*

36. Art. 755 ; délai et forme générale.
37. Bases de la collocation ; créances conditionnelles et éventuelles.
38. Ventilation des biens dont le prix est en distribution, art. 757; quand elle est nécessaire, ses formes; de l'expertise en cette matière.
39. Art. 774 ; collocation des frais privilégiés.

§ 2. — *Dénonciation de l'ordre provisoire.*

40. Art. 755 § 2. A qui, quand et comment doit être faite la dénonciation ?

§ 3. — *Des contredits*

41. Qui peut contredire?
42. Délai, 756.
43. Forme des contredits, 755, 758.
44. Suites des contredits.
45. Clôture partielle de l'ordre pour les créanciers non contestés, 758.
46. Renvoi à l'audience des créanciers contestants, 758; avoués-commis, désignation de l'avoué représentant la masse, 760.

SECTION IV. — DE LA CLÔTURE DE L'ORDRE.

§ 1. — Règles spéciales à la clôture en l'absence de contestations.

§ 2. — Règles spéciales à la clôture en cas de contredits.

§ 3. — Règles communes à toute clôture d'Ordre.

CHAPITRE III.

Des effets de l'Ordre.

SECTION IV. — DE LA SIMULTANÉITÉ ET DE LA JONCTION DES ORDRES.

70. Exposé du sujet : jonction amiable; jonction par jugement.

SECTION V. — MODIFICATIONS DE L'ART. 692 SUR L'ACTION RÉSOLUTOIRE DU VENDEUR.

71. Droits du vendeur non payé : modifications du Code Civil par les art. 692 et 717 Code de proc. et par l'art. 7 de la loi du 23 mars 1855. En quoi la loi du 21 mai 1858 améliore l'art. 692, sous ce rapport.

72. Conclusion et résumé général.

73. Dispositions transitoires.

Aperçus préliminaires.

1. Quoique la loi du 21 mai 1858 renferme la solution de plusieurs questions de Droit civil proprement dit, très controversées jusqu'à ce jour, elle n'en est pas moins une pure loi de Procédure, et elle s'annonce comme telle, dans sa forme extérieure, puisqu'elle déclare modifier divers articles du Code de 1807, et qu'elle refond presque en entier le titre de l'*Ordre*. (V. aussi 2218 Cod. Nap.)

Le législateur avait cherché, en 1855 (1), à donner à la propriété foncière et aux capitaux qui s'adressent à elle, la sûreté qui paraissait leur manquer avant le rétablissement de la transcription ; il veut, par la loi nouvelle, améliorer les règles qui président à la distribution du prix d'immeubles affectés de priviléges et hypothèques, diminuer les frais de cette opération importante, fixer au plutôt la position de tous les intéressés et attirer ainsi les placements vers le sol, par la certitude morale d'un remboursement assez rapproché de l'exigibilité de la dette. C'est pour atteindre ces résultats généraux que la loi du 21 mai 1858 a été portée : elle a été sagement mûrie, et, tout en acceptant de progressives réformes, elle n'a pas cependant entièrement sacrifié à l'esprit d'innovation (2). Grâce à elle, la somme énorme de plus de cent dix millions, retenue par les Ordres en souffrance (3), sera notablement diminuée, et les conditions des prêts hypothécaires, rendues souvent si rigoureuses par la longueur et l'incertitude des remboursements, s'adouciront au grand profit des agriculteurs et des capitalistes eux-mêmes (4).

La préoccupation du législateur est donc ici tout entière à l'amélioration de la *procédure d'Ordre* ; c'est à ce point de vue qu'il a résolu les graves questions de Droit civil dont nous parlerons dans le cours de cet exposé, en les rattachant à des

(1) Loi du 23 mars 1855, *sur la transcription en matière hypothécaire.*
(2) Rapport de la commission du Corps législatif, édit. offic. p. 3.
(3) Exposé des motifs, édit. offic. p. 6.
(4) *Moniteur* du 11 avril 1858.

articles du Code de procédure, qui n'appartiennent pas au titre spécial de *l'Ordre*.

2. Nous suivrons l'esprit de la loi, en concentrant toute notre attention sur cette matière, et, quoique, dans son texte, elle ait séparé les dispositions relatives à la *Saisie immobilière* de celles qui concernent *l'ordre*, nous les fondrons ensemble et lierons ainsi les premières aux secondes. Du reste, nous n'avons pas le dessein de faire ici un vrai commentaire de la loi du 21 mai 1858, et de rechercher toutes les difficultés de détail dont son application pratique pourra devenir l'occasion. Encore moins nous livrerons-nous à trop de réflexions critiques; car nous ne voulons pas compliquer, par nos vues personnelles, ce qu'on a voulu simplifier, et tourmenter, dès son berceau, une loi qui ne manquera pas d'interprètes et peut-être de censeurs; mais il ne nous parait pas sans utilité de présenter une exposition méthodique de l'ensemble des règles qu'elle établit, afin que, par une facile comparaison avec le Code de procédure, on puisse juger de l'étendue de la réforme opérée par la loi nouvelle.

3. On sait que *l'Ordre* n'est pas autre chose que la distribution du prix provenant d'une vente d'immeubles susceptibles d'hypothèques, et que cette distribution a pris le nom qui lui est *propre*, de ce qu'elle doit être faite *par ordre de privilége ou d'hypothèque*, avant de se faire au *marc le franc*, entre les créanciers chirographaires (1).

Or, si tous les créanciers, le vendeur ou le saisi, et l'acquéreur ou l'adjudicataire sont d'accord entre eux sur les bases de la distribution, et s'ils sont capables pour en convenir, il n'est nullement besoin de l'intervention du juge pour rendre cette fixation définitive; les parties n'ont qu'à comparaître devant un notaire dont le ministère, sans être obligatoire pour constater la distribution elle-même, est très utile ici afin de ne pas multiplier les actes, attendu que le consentement à la radiation des inscriptions ne pourrait d'ailleurs être

____
(1) Articles 2093 et 2094 C. Nap.

donné que par acte authentique (1). Cette distribution volontaire n'est, du reste, qu'une convention ordinaire réglée par les principes du Droit commun sur les effets des contrats, soit entre les parties (2), soit à l'égard des tiers (3).

Mais, il faut le reconnaître, ces cas sont les plus rares et l'intervention du juge est le plus ordinairement nécessaire ; c'est pour régulariser la distribution en justice des deniers immobiliers que le Code de 1807, plus complet en cela que l'ordonnance de 1667, avait organisé une procédure *spéciale* qui est précisément celle qu'on appelle *procédure d'ordre* et que la loi actuelle a pour objet d'améliorer.

Un juge commissaire est chargé de dresser l'*état de collocation* des créances, d'après les demandes accompagnées de titres, qui sont formées par les créanciers ; son travail, d'abord *provisoire*, est sujet à être *contredit* par les intéressés ; le tribunal est appelé à juger ces contestations, et s'il n'y en a pas, ou bien après leur jugement, le commissaire *clôture définitivement* la distribution, à suite de laquelle chaque créancier reçoit un *bordereau*, titre de délégation exécutoire contre l'acquéreur ou adjudicataire, et après le payement duquel les inscriptions sont radiées.

Tel est l'aperçu sommaire de cette procédure qui, on le voit, présente, en effet, une physionomie toute particulière, et dont nous parcourrons tantôt les phases successives.

4. Il faut observer cependant, dès l'abord, que toutes les fois que la distribution n'a pas lieu *volontairement et hors justice*, on ne doit pas nécessairement recourir à la *procédure spéciale* dont nous venons d'esquisser les traits principaux.

Déjà, l'article 775 du Code de Procédure avait voulu, afin d'éviter des frais et des longueurs, que *l'ordre* ne pût être provoqué *s'il n'y avait pas plus de trois créanciers inscrits*, et,

---

(1) Article 2158.
(2) Article 1134.
(3) Article 1165.

dans ce cas, c'était le tribunal qui, nanti de la demande en distribution, devait y procéder lui-même ; or, le nouvel article 773 a accueilli cette pensée, dans tout ce qu'elle avait de bon, et l'a même amélioré dans la pratique : c'est la première innovation que nous signalons.

Désormais, il n'y aura donc lieu, comme autrefois, à la *procédure d'ordre proprement dite* que lorsqu'il y aura plus de trois créanciers inscrits, ou, comme dit le texte, *lorsqu'il n'y en aura pas moins de quatre* ; cela doit s'entendre des *personnes* et non *des créances*, dont la multiplicité est sans effet, dès qu'il n'y a pas le nombre voulu de créanciers (1), et, encore faut-il que ces quatre créanciers ne soient pas les héritiers d'une seule et même personne. Mais la Loi nouvelle a mieux fait que le Code de 1807, en appliquant avec raison cette règle « *quel que soit le mode d'aliénation,* » tandis que le Code de procédure ne l'avait portée que pour les aliénations « *autres que celles par expropriation.* » De plus, notre loi a comblé, à ce sujet, une véritable lacune du Code, en organisant la forme de l'instance qu'on doit suivre devant le tribunal, pour la distribution des deniers, dans ce cas de créanciers à nombre réduit. — Nous y reviendrons plus tard.

5. Pour le moment, nous nous placerons dans l'hypothèse où il y a lieu à un véritable *ordre par procédure spéciale*, à cause de la présence de plus de trois créanciers inscrits.

Or, avant d'exposer les détails comparés des deux législations sur ce point, nous avons encore à signaler une nouvelle amélioration de la loi du 21 mai 1858, que nous qualifierons assez exactement, croyons-nous, en la nommant *amélioration administrative.*

La loi n'a rien touché aux règles de la compétence en matière d'ordre, quant au tribunal, dont un des membres doit être commissaire, et qui doit connaître des difficultés soulevées dans le cours de la distribution : ces règles sont

---

1. Rodière *Procéd. civ.,* t. 3 p. 233

dès longtemps déterminées par les art. 59 Cod. de proc. et par la loi du 14 novembre 1808 ; la désignation même des commissaires délégués pour les ordres, continuera à être faite, comme par le passé, par le président du tribunal, sur la réquisition du poursuivant (750) ; mais voici une heureuse innovation de la loi du 21 mai 1858, dictée par les plus sages considérations : la confection d'un ordre exige, de la part du magistrat qui en est chargé, une aptitude particulière, une expérience consommée des affaires, de l'activité personnelle et de la fermeté envers les officiers ministériels ; or, toutes ces qualités peuvent ne pas se rencontrer au même degré chez tous les magistrats, titulaires ou suppléants d'un même siége, entre lesquels le travail des ordres est, en général, également réparti, tandis que quelques-uns d'entre eux peuvent avoir l'heureux privilége d'en être particulièrement doués ; en sorte, qu'en les chargeant seuls de ce travail difficile, on assure le *bien présent*, et on augmente, par une pratique habituelle, le trésor d'expérience qui garantit le *mieux avenir*. C'est pourquoi, d'après l'art. 749, dans les tribunaux, où les besoins du service l'exigent, il doit être désigné, par décret impérial, un ou plusieurs juges, pris dans les titulaires ou suppléants (1), spécialement chargés du règlement des Ordres, en sorte que ce n'est alors qu'en cas d'absence ou d'empêchement du juge spécial, que le président du tribunal est appelé à en désigner d'autres.

Le même article complète l'amélioration administrative de la matière, en disposant que « les juges, désignés par décret » impérial ou par le président, doivent, toutes les fois qu'ils » en sont requis, rendre compte à leurs tribunaux respec- » tifs, au premier président ou au procureur général, de » l'état des ordres qu'ils sont chargés de régler. » Cette disposition, sanction générale des obligations du juge, est autant un encouragement pour les magistrats actifs, qu'un sage stimulant pour ceux qu'une indolente inertie pourrait tenir endormis. Elle devra aussi avoir pour effet d'empêcher

---

(1) Le Décret du 19 mars 1852, ne permet de déléguer pour les Ordres que les juges suppléants, qui ne sont pas officiers ministériels.

un abus, qui a été souvent constaté, et que les travaux préparatoires de la loi actuelle signalent à l'œil du pouvoir disciplinaire (1), celui de quelques juges ne rédigeant pas eux-mêmes les ordres qui leur sont confiés, au grand détriment de leur dignité et de leur responsabilité.

6. Nous pouvons maintenant indiquer la division générale de ce travail : nous traiterons, dans un premier chapitre, des formalités qui précèdent l'ordre et de son ouverture ; dans un deuxième chapitre, de la confection de l'ordre ; dans un troisième chapitre, des effets de l'ordre ; dans un quatrième chapitre, de l'ordre dressé par le tribunal lui-même quand il y a moins de quatre créanciers, et enfin, dans un dernier chapitre, du règlement de divers détails ne rentrant pas directement dans l'un des chapitres précédents.

CHAPITRE PREMIER.

Des formalités qui précèdent l'ordre et de l'ouverture de l'ordre.

7. D'après le Code de procédure de 1807, voici la filière qui était suivie jusqu'à l'ouverture de l'ordre inclusivement :

S'agissait-il *d'ordre après expropriation forcée,* le jugement d'adjudication étant signifié au saisi par l'adjudicataire, et les formalités de la purge des hypothèques légales étant remplies, les créanciers avaient un mois pour se régler amiablement sur l'ordre ; après quoi, et dans la huitaine, le poursuivant, l'adjudicataire ou un créancier inscrit, requérait la nomination d'un juge-commissaire par le président, et l'ordre était ensuite ouvert par le commissaire (749, 50, 51 et 52), sur la demande du poursuivant.

S'agissait-il *d'ordre après toute autre aliénation que l'expropriation forcée,* il ne pouvait être ouvert, selon les formes ci-dessus, que trente jours après l'expiration des délais accordés aux créanciers hypothécaires par les art. 2185 et 2194 du Code civil, pour surenchérir sur la procédure en purge (775).

(1) Rapport, p. 51.

L'aperçu qui va suivre du nouveau système de procédure, en mettant en relief ses améliorations à ce sujet, fera ressortir les défectuosités de celui de 1807 ; mais, afin d'être plus facilement compris, nous diviserons ici notre exposé en deux sections, dont la première s'occupera des préliminaires de l'ordre sur expropriation, et la deuxième de ceux de l'ordre après aliénation volontaire.

SECTION PREMIÈRE.

PRÉLIMINAIRES DE L'ORDRE APRÈS EXPROPRIATION FORCÉE.

8. Nous avons à parler ici successivement des points suivants : 1º la transcription du jugement d'adjudication ; 2º le dépôt au greffe de l'état des inscriptions et la réquisition d'ouverture de l'ordre ; 3º une tentative de conciliation à essayer ; 4º l'ouverture de l'ordre elle-même.

§ 1er. — *Transcription du jugement d'adjudication.*

9. Cette formalité est d'abord d'une importance majeure en ce que, conformément à l'art. 6 de la loi du 23 mars 1855, elle seule arrête le cours des inscriptions sur le précédent propriétaire, et qu'elle sert de point de départ d'un délai que nous verrons plus bas, et dans lequel l'ordre doit être ouvert; mais, de plus, la loi du 21 mai 1858 donne à la transcription un effet nouveau, concernant la purge des hypothèques légales dispensées d'inscriptions et non inscrites. Il est donc utile d'insister ici quelque peu.

10. L'art. 750 impose à l'adjudicataire l'obligation, sous la sanction rigoureuse de *la folle enchère*, de faire transcrire le jugement d'adjudication dans le délai qui va être indiqué. La rigueur de cette sanction est un sûr garant que l'adjudicataire remplira cette formalité, et rend inutile que le poursuivant ait le pouvoir de l'opérer à défaut du premier ;

c'est avec intention que la loi n'en parle point, tandis que le *projet*, qui n'était pas si rigoureux pour sa sanction, lui accordait cette faculté (1).

11. Le délai dans lequel la transcription *doit* avoir lieu est fixé par l'art. 750 à 45 jours, à partir de la date du jugement, ou, en cas d'appel, de celle de l'arrêt confirmatif. On ne devait pas imposer un délai trop court à l'adjudicataire, auquel un temps moral est nécessaire pour qu'il puisse obtenir l'expédition du jugement, souvent très volumineux (2), et qu'il ne peut réclamer qu'après l'enregistrement, pour lequel la loi accorde même 20 jours (3). Mais il ne fallait pas non plus que ce délai fût très étendu, afin de ne pas faire trop durer l'incertitude sur l'état hypothécaire de l'immeuble, que la transcription fixe seule, mais fixe définitivement. Or, le chiffre de 45 jours, en lui-même, paraît, *en fait*, très convenable, quoiqu'il n'ait été choisi que par suite d'une équivoque, deux fois répétée par l'*exposé des motifs* (4) et le *rapport de la commission* (5), et qui, signalée dans la discussion au Corps législatif, doit l'être encore ici pour éviter des erreurs pratiques.

La loi du 23 mars 1855, après avoir disposé, en son art. 6, que les créanciers privilégiés ou ayant hypothèque judiciaire ou conventionnelle, ne peuvent plus, à partir de la transcription, prendre utilement inscription sur le précédent propriétaire, établit une exception en faveur du vendeur ou du copartageant, qui peuvent utilement inscrire leurs priviléges « *dans les quarante-cinq jours de l'acte de vente ou de partage* », nonobstant toute transcription d'actes faite dans ce délai. Cette faveur a eu pour objet de protéger le vendeur et les anciens co-propriétaires auxquels leur ac-

---

(1) Comparez *Exposé des motifs*, p. 26, et *Rapport*, p. 44.
(2) *Moniteur* du 15 avril 1858.
(3) Loi du 22 frimaire an VII, article 20. — Voyez aussi 713 C. Proc.
(4) Page 26.
(5) Page 44.

quéreur ou copartageant aurait pu nuire par des sous-aliénations ou concessions de droits réels très hâtives après l'acquisition ou le partage. Si donc il n'y a pas encore 45 jours depuis cette dernière époque, le vendeur et les copartageants peuvent encore s'inscrire, nonobstant une transcription ultérieure ; si, au contraire, il y a plus de 45 jours, le vendeur et le copartageant sont forclos, comme tous autres créanciers, par la transcription de la nouvelle aliénation (1).

Or, c'est ce qu'on n'avait pas parfaitement présent à l'esprit dans les premiers travaux de notre art. 750, et l'on avait fixé 45 jours comme délai de la transcription du jugement d'adjudication, à cause des mêmes 45 jours accordés au vendeur par la loi de 1855 (2) ; mais on ne faisait pas attention que, seulement de la saisie à l'adjudication, il y a au moins 90 jours, ce qui rend impossible la prévision de l'art. 6 de la loi de 1855, puisqu'il suppose que plus de 45 jours ne se sont pas écoulés depuis la vente, dont le prix est encore dû au vendeur lors de la transcription de l'acquisition subséquente. Il ne faut donc pas conclure du rapprochement de notre art. 750 avec celui de la loi de 1855, que le vendeur ou le copartageant aient quelque faveur sur les autres créanciers, pour s'inscrire après la transcription de l'adjudication.

En fait, l'adjudicataire doit donc, sous peine de folle enchère, transcrire dans les 45 jours du jugement ou de l'arrêt confirmatif, en cas d'appel ; voilà tout : tel est le délai, et l'on a vu quel en est le motif raisonnable.

12. Quant au bureau où doit être faite la transcription et au mode selon lequel elle doit avoir lieu, il n'y a rien de nouveau à noter à cet égard ; les règles ordinaires restent applicables ; le conservateur doit d'ailleurs prendre inscription d'office après la transcription (art. 771).

(1) V. mon *Exposé sur la loi du 25 mars 1855*, p. 49, n. 83.
(2) V. *Exposé des motifs* et *Rapport*, loc. cit.

13. Mais voici l'une des dispositions majeures de la loi nouvelle, par laquelle elle met fin à une vive controverse et comble une véritable lacune, dont la jurisprudence, actuellement fixée, de la Cour de cassation signalait la présence dans le Code Napoléon. Il s'agit de la purge, par le seul effet de la transcription du jugement d'adjudication, des hypothèques légales des incapables non inscrites ou *occultes*.

L'art. 717, relatif aux effets du jugement d'adjudication, a reçu un paragraphe supplémentaire, qui en devient le dernier, sur lequel nous reviendrons plus tard sous un autre rapport, et qui, sur le point qui nous occupe, s'exprime ainsi : « Le jugement d'adjudication dûment transcrit purge » *toutes* les hypothèques, et les créanciers n'ont plus d'ac- » tion que sur le prix. »

En traduisant cette disposition en langage de l'École, elle signifie que, par la transcription du jugement d'adjudication, le *droit de suite* est éteint pour tous les créanciers, quels qu'ils soient ; mais ils conservent tous le *droit de préférence*. Pour le moment, nous n'avons à parler que de l'extinction du *droit de suite* par la transcription, ou de la *purge virtuelle* des hypothèques de toute espèce.

14. En ce qui touche les hypothèques autres que celles de la femme mariée sur les biens du mari, des mineurs et interdits sur les biens des tuteurs, ce résultat n'a rien que de conforme aux traditions juridiques françaises (1), au texte de nos lois sur l'expropriation forcée (2), et à l'économie de la procédure par laquelle elle se consomme (3).

Mais ce purgement virtuel, par l'expropriation forcée, des hypothèques légales *dispensées d'inscription*, est une dispo-

---

(1) V. Édit de Henri II de 1551, articles 11 et 12. — V. Loisel, Institut. coutumières, liv. 6, tit. 5, n. 15. V. Édit de juin 1771.

(2) Loi du 11 brumaire an VII. — Comparez chapitres 8 et 19 du titre des *Priv. et hyp.* du Code Napoléon. — V. articles 750 et 775 Proc. comb.

(3) Articles 692, 696; 697, 699, 702, 706, 708 Proc.

sition qui vient gravement modifier la pratique des affaires sur ce point.

En effet, la jurisprudence de la Cour de cassation, depuis l'année 1823 (1), et un grand nombre d'auteurs (2), décidaient, malgré l'opinion contraire de graves jurisconsultes (3), que, d'après le Code civil et le Code de procédure, différant en cela de l'ancienne jurisprudence sur les Décrets (4) et de la loi de brumaire an VII (5), l'expropriation forcée ne purgeait pas les hypothèques légales non inscrites. Cette divergence d'opinions eut pour résultat de faire établir l'usage, devenu acte de prudence pour l'adjudicataire, mais cause de retard pour l'ouverture de l'ordre, d'opérer, après l'expropriation, la purge spéciale de ces hypothèques, d'après les formes que les art. 2194 et suivants ont établies pour les aliénations volontaires. Le grand motif déterminant de cette opinion, devenue pratique, n'était pas précisément puisé dans les textes ; car le rapprochement des art. 750 et 775 du Code de procédure lui serait plutôt contraire ; mais il reposait sur ce qu'il n'était pas juste de priver de leur droit hypothécaire par l'expropriation, ces créanciers non inscrits qui n'avaient reçu aucun avertissement des poursuites, et qui ainsi n'avaient pas pu les surveiller.

15. L'art. 717, paragraphe nouveau, rompt cette pratique et veut que l'adjudicataire soit délivré de l'action des créances légalement hypothécaires, dispensées d'inscriptions et non inscrites, comme de toutes autres, sauf à payer son prix ; mais afin d'échapper au grand argument de la Cour de cassation (6) et de conjurer, dans la réalité, le danger

---

(1 et 2) V. Gilbert, *Table générale,* V° hypoth. légale, n. 341 à 347, les arrêts et auteurs cités en sens divers.

(3) Notamment MM. Persil, Zachariæ, Troplong, etc.

(4) *Exposé des motifs,* p. 11 et les Arrêts et textes anciens y cités.

(5) Article 6 de la deuxième loi du 11 brumaire an VII, combiné avec article 2 de la première loi du même jour.

(6) *Exposé des motifs.* p. 11.

signalé pour les incapables, la loi nouvelle prescrit des moyens tendant à lier ces créanciers, comme les autres, à la marche de l'expropriation, et à leur donner, ainsi qu'à leurs protecteurs légaux, tous les avertissements propres à les prémunir contre une surprise. Dans ce but, les art. 692 et 696 ont reçu d'importantes modifications.

16. La prévoyance du législateur se fait voir par les prescriptions suivantes : sommation aux créanciers ; notification au procureur impérial ; inscription obligatoire de celui-ci ; insertion judiciaire.

17. En premier lieu, le poursuivant de l'expropriation qui doit, d'après l'article 691, et dans la huitaine du dépôt au greffe du cahier des charges (sauf augmentation à raison des distances), sommer le saisi d'en prendre communication, devait aussi, d'après l'article 692, faire pareille sommation aux créanciers inscrits, mais à eux seuls ; or, désormais, selon l'addition reçue par cet article 692, cette sommation devra aussi être faite « à la femme du saisi, aux femmes » des précédents propriétaires, au subrogé-tuteur des mi- » neurs ou interdits, ou aux mineurs devenus majeurs » et, sans aucun doute, aux interdits relevés de l'interdiction, quoique la loi ne le dise point.

Quelques observations de détail sont nécessaires sur cette sommation.

1° On doit remarquer que c'est au poursuivant que la loi s'en remet pour avertir les créanciers dont s'agit, comme tous les autres, en sorte que la *purge* en faveur de l'adjudicataire futur est préparée par les formalités que remplit le poursuivant qui n'a pourtant à se préoccuper, en sa qualité, que du *droit de préférence* de ces créanciers ;

2° Afin d'éviter de coûteuses recherches sur l'état civil du saisi et des précédents propriétaires, l'article 692 ne prescrit

la sommation que si « les mariages et tutelles sont connus
» du poursuivant d'après son titre » de créance. Il faut convenir cependant que cette restriction à l'obligation du poursuivant, fera trouver souvent en défaut les vues protectrices
du législateur ; car l'état civil du saisi et de ses auteurs ne
sera positivement pas indiqué lorsque le titre du poursuivant
sera un jugement de condamnation, ou lorsque, volontairement ou non, le notaire, rétenteur de l'acte mis à exécution,
aura omis, puisqu'il n'y est pas obligé, de signaler cet état
civil dans sa rédaction (1) ;

3º La sommation adressée à la femme, aux mineurs
devenus majeurs ou aux interdits relevés, doit être
notifiée selon les formes ordinaires de l'article 68 du Code de
procédure. Un instant, on avait eu le projet d'exiger que la
copie leur fût remise *en personne* ; mais les cas d'impossibilité
morale ou matérielle qui peuvent se présenter, ainsi que les
moyens trop faciles d'éluder les intentions que la loi eût pu
se proposer par cette précaution, l'ont fait abandonner ;

« 4º Cette sommation, dit l'article 692, contiendra en
» outre l'avertissement que, pour conserver les hypothèques
» légales sur l'immeuble exproprié, il sera nécessaire de les
» faire inscrire avant la transcription du jugement d'adju-
» dication ; »

5º La loi n'a pas voulu résoudre deux points pratiques qui
ont été signalés à l'attention du législateur ; elle a préféré
laisser à la jurisprudence le soin de les régler, et les Commissaires du Gouvernement se sont bornés, avec le Rapporteur
de la Commission, à donner leur avis personnel. Nous regret-
tons ce procédé : la loi ne doit pas sans doute se perdre dans
les détails de son exécution ; mais lorsque des conjonctures,
susceptibles de se présenter fréquemment, sont prévues,
mieux vaut les régulariser d'un mot, que de laisser la moindre incertitude à leur sujet.

Que fera le poursuivant, a-t-on demandé, si, comme il

(1) *Moniteur* du 18 avril 1858.

arrive souvent, surtout dans les campagnes, les mineurs ou interdits n'ont pas été pourvus d'un subrogé-tuteur? devra-t-il le faire nommer pour lui faire ensuite la sommation? La Cour de cassation s'est décidée ainsi pour l'application du mode de purge organisé par les articles 2194 et suiv. (1). Que faudra-t-il faire désormais dans le système de l'article 692?

La Commission du Corps législatif pensa que cette nomination d'un subrogé-tuteur pour recevoir la sommation n'était qu'une source d'embarras, de retards et de frais, et ne pouvait guère se concilier avec le court délai dans lequel la sommation doit avoir lieu, d'après l'article 692 (2); telle fut aussi, au fond, l'avis du Conseil-d'Etat (3), et pourtant il n'a pas voulu amender l'article par ces mots : « s'il en » existe un. » Qu'en conclure? Qu'il lui a paru inutile d'exprimer la pensée qui ressort assez bien de la nature des choses, savoir, que *lorsqu'il n'y a pas de subrogé-tuteur*, on ne doit pas faire de sommation à un *subrogé-tuteur*.

Si la femme, le mineur ou l'interdit sont morts, laissant plusieurs héritiers, souvent très dispersés, le poursuivant devra-t-il sommer tous ces héritiers, et tous ceux des femmes des anciens propriétaires, dont les droits ne sont pas atteints par la prescription? Encore, sur ce point, la Commission (4) et le Conseil-d'Etat (5) sont parfaitement d'accord pour penser que « le poursuivant ne connaissant le mariage » ou la tutelle que d'après les titres, et ignorant légalement » les décès, n'aura qu'à sommer au dernier domicile de » la femme ou du mineur, sans se préoccuper de l'existence » d'héritiers (voy. 447, proc.). » Mais alors que ne l'a-t-on pas dit formellement?

Telle est la première précaution prescrite par l'article 692 : la sommation aux créanciers.

<hr>

(1) Sirey, 41-1-412.
(2-4) *Rapport*, p. 15.
(3-5) *Moniteur* du 11 avril 1858.

18. En second lieu, « Copie de la sommation (dont il
» vient d'être parlé) sera notifiée au procureur impérial de
» l'arrondissement où les biens sont situés. »

19. En troisième lieu, ce magistrat est *tenu* de requérir
l'inscription des hypothèques légales.

Voici l'une des réformes capitales de la loi du 21
mai 1858. — Le système spécial de purge, d'après le
Code civil, comprend bien une notification de l'acte de
dépôt au greffe, faite au procureur impérial ; mais, d'une
part, le texte de l'article 2194 laisse facultatif pour ce
magistrat de prendre ou non inscription, et, d'autre part,
des Instructions Ministérielles, déjà anciennes (1), prescrivent de n'user de cette faculté qu'avec la plus grande
réserve. Désormais, en matière d'expropriation forcée, la loi
est devenue impérative : le procureur impérial est *tenu* de
faire inscrire les droits hypothécaires des incapables.

On a fait de sérieuses objections contre ce nouveau système : en bien des cas, l'inscription sera inutile par absence
de toute créance ou par extinction des droits de la femme ;
souvent elle sera contre le vœu de celle-ci, qui s'est mariée
sous un régime lui laissant la liberté d'aliéner ses droits, et
qui ne veut pas s'inscrire contre son mari. Cette dernière
objection ne prouve rien ; car, on peut dire que c'est précisément pour protéger la femme contre sa propre faiblesse et
les obsessions de son mari que l'inscription du procureur
impérial est exigée. Mais, dans le premier cas prévu, on se
demande vraiment à quoi servira cette inscription ? Le Commissaire du Gouvernement a cru résoudre la question en
disant qu'en cas de non existence de droits de la part de la
femme, le procureur impérial ne prendra pas d'inscription (2). Mais alors, il faudra donc que ce magistrat soit
juge de l'utilité de l'inscription et qu'il se livre à l'examen
spécial de chaque affaire pour savoir si la formalité conser

(1) V. Circulaire du Ministre de la justice du 15 septembre 1806.
(2) *Moniteur*. 14 avril 1858.

vatrice doit ou non être remplie ! Tel ne peut être le vœu de la disposition impérative de l'article 692 ; car, s'il fallait l'entendre en ce sens, nous pourrions, dès ce jour, en prévoir la désuétude : ses termes ne comportent pas de distinction, et comme, tout en formulant l'exception précédente, le Commissaire du Gouvernement ajoutait que, pour se dispenser de prendre inscription , il faudra qu'il soit *évident* que la femme est sans droit et que la moindre apparence suffira pour qu'on la prenne, sauf aux intéressés à la contester (1), le mieux est de maintenir la règle comme absolue, quand même elle devrait quelquefois s'appliquer à des cas inutiles: ce qui abonde ne nuit pas. — Le procureur impérial est donc toujours *tenu* de prendre inscription. — On a voulu compenser ainsi la suppression de la *purge spéciale*.

Maintenant, disons quelques mots de l'exécution de cette mesure.

1° La loi, tout en exigeant impérieusement l'inscription par le ministère public dans l'intérêt des incapables, n'a pas voulu, d'une part, compliquer outre mesure cette obligation, et, d'autre part, grever sans utilité, par une inscription toute de précaution et quelquefois sans objet, non seulement les biens dont l'expropriation est poursuivie, mais tous les autres du mari ou tuteur, qui sont grevés de l'hypothèque *générale* de la femme ou des pupilles. Dans ce but, l'art. 692 ne fait une obligation de requérir l'inscription que des hypothèques légales « existant du *chef du* » *saisi seulement*, sur les *biens compris dans la saisie.* »

2° Les détails relatifs à la forme de la réquisition, à l'inscription elle-même, aux frais qu'elle entraîne, à la sanction de l'irrégularité de cette inscription, ne sont pas réglés par notre loi.

Dans les cas fort rares où le ministère public a pris inscription jusqu'ici, en vertu des art. 2138 et 2194 du Code Napoléon, la pratique a consacré que le procureur impérial

____

(1) Moniteur du 15 avril 1858.

envoie au conservateur deux bordereaux dressés dans la forme prescrite par l'art. 2153 ; l'inscription est prise alors en *débet*, et si, plus tard, les incapables sont colloqués utilement, les frais de l'inscription, pour lesquels ils sont alloués, sont remboursés au conservateur. Dans aucun cas, le procureur impérial n'a été, que nous sachions, responsable des irrégularités de ces inscriptions.

Les choses devront-elles se passer ainsi à l'avenir ? Dans l'opinion de la Commission du Corps législatif « le procureur » impérial n'aura qu'à requérir l'inscription ; la désignation » spéciale des immeubles sera faite, sous sa responsabilité, » mais sans difficulté, par le conservateur qui a sous les » yeux la transcription de la saisie. Les instructions règle- » ront ces détails. » D'après cela, cette inscription serait assimilée, pour sa forme, à l'inscription d'office qui est prise pour le vendeur ; on comprend, en effet, que la multiplicité des bordereaux à dresser serait devenue une surcharge considérable pour les parquets, où n'est pas déposé le procès-verbal de saisie ; mais, d'un autre côté, l'abondance future de ces inscriptions, faites en débet, occasionnera bien des fois, sans salaire, une augmentation de travail pour le conservateur, qui mériterait une rémunération pour cet objet.

Du reste, nous croyons que si, avant la réquisition d'inscription par le ministère public, les incapables ou ci-devant incapables, ou tous autres admis à prendre inscription pour eux (2137, 2139, 2194), l'avaient déjà requise, le procureur impérial pourrait retirer sa réquisition, sur l'attestation du conservateur, ou que celui-ci pourrait se borner à mentionner, en marge de la première, la réquisition faite par le procureur impérial. Pourquoi surcharger les registres de doubles emplois ?

20. En quatrième et dernier lieu, outre les sommations ci-dessus exigées et l'inscription du procureur impérial, l'art. 696, également additionné par la loi nouvelle, veut que l'insertion, qui doit avoir lieu 40 jours au plus tôt et

20 jours au plus tard avant l'adjudication, contienne, outre
les cinq indications qu'il donne, la mention « que tous ceux
» du chef desquels il pourrait être pris inscription pour
» raison d'hypothèques légales, devront requérir cette ins-
» cription avant la transcription du jugement d'adjudica-
» tion. » Ce mode d'avertissement des incapables a été inspiré par l'avis du Conseil d'État des 9 mai-1er juin 1807,
qui, dans le système de purge spéciale, a prescrit une insertion dans les journaux, pour les cas où l'on ignore si celui
qui aliène n'est ou n'a pas été mari ou tuteur. Certes,
les incapables, ainsi avertis, au moins 20 jours et quelquefois 40 jours avant l'adjudication, quand la transcription de
celle-ci peut n'être faite que 45 jours après celui où elle est
prononcée, ne pourront pas se plaindre. L'art. 2194 ne
leur accorde que deux mois ; la loi nouvelle est plus géné-
reuse (1). Mais il est à désirer que l'administration centrale
prescrive aux préfets (2) un mode uniforme et satisfaisant
d'annonces légales.

21. Tel est donc le système par lequel les créanciers à
hypothèques légales dispensées d'inscriptions, et, en fait,
non inscrites, sont avertis de l'expropriation de leur débiteur,
sont liés à la poursuite et mis en demeure de faire porter
par l'enchère l'immeuble saisi à sa véritable valeur. Malgré
toutes ces précautions, les incapables pourront bien encore
sans doute n'être pas suffisamment prévenus ; mais que faire
de plus ? Il n'est donc pas exorbitant que la transcription
du jugement d'adjudication purge ces hypothèques, comme
toutes les autres, et que l'adjudicataire soit ainsi délivré du
droit de suite de ces créanciers.

Notons, du reste, que tout ce qui précède ne regarde
que les adjudications sur *saisie immobilière ;* toute autre
vente, soit entièrement volontaire, soit même sous forme

(1) *Exposé des motifs,* p. 9.
(2) Décret du 17 février 1852, article 23.

judiciaire, n'est pas régie par le nouveau paragraphe de l'art. 717 ; aussi l'art. 838, modifié par la loi actuelle, dit-il formellement que, « après le jugement d'adjudication par » suite de surenchère (sur aliénation volontaire), la purge » des hypothèques légales, si elle n'a pas eu lieu, se fait » comme en cas d'aliénation volontaire (2194 et suiv.) »

La transcription de l'adjudication est donc *la première formalité préliminaire de l'ordre*.

Avant de passer à la seconde, nous devons, sous forme d'appendice à ce § 1er, indiquer la solution que notre loi, dans l'art. 717, dont nous venons de parler, a prononcé sur une question des plus débattues du régime hypothécaire, celle de savoir jusqu'à quel point le droit de préférence est ou non lié à l'extinction du droit de suite par la purge.

Appendice au § 1er. — De la survie du droit de préférence à l'extinction du droit de suite par la purge.

22. La distinction et l'indépendance du *droit de suite* et du *droit de préférence* résultent de la diversité de leur but ; le premier règle les rapports du créancier hypothécaire envers *l'acquéreur de l'immeuble hypothéqué*, et le second règle les rapports *respectifs de ce créancier et des autres créanciers* du même débiteur ; or, l'on comprend très bien que la perte des droits du créancier envers le premier ne lui fasse point perdre ceux qu'il a envers les seconds. C'est pourquoi l'art. 717, après avoir dit que « le jugement d'ad- » judication dûment transcrit purge toutes les hypothèques, » ajoute : « et les créanciers n'ont plus d'action hypothécaire » que sur le prix. »

Il est vrai qu'en certains cas, le droit de préférence se perd avec le droit de suite, comme cela a lieu, conformément à l'art. 6 de la loi du 23 mars 1855, lorsque les créanciers privilégiés ou ayant hypothèque judiciaire ou convention- nelle, n'ont pas pris inscription avant la transcription (de l'acte volontaire ou judiciaire d'acquisition) ; mais ce n'est pas une *cause spéciale* de perte du droit de suite qui entraîne le droit de préférence ; en réalité, c'est une *cause unique* qui paralyse les *deux* attributs du droit hypothécaire, savoir, l'absence d'inscription sur le précédent propriétaire, avant que la dépossession juridique de celui-ci fût accomplie définitivement à l'égard des tiers.

Rien n'est donc plus légitime que la conservation du droit de préférence après la purge régulière des hypothèques, par la transcription de l'adjudication : l'article 717, § dernier, ne fait que reproduire la pensée des art. 2186 et 2195 § 2 du Code civil.

22 *bis.* Mais notre art. 717 et (disons-le aussi, dès ce moment, quoique ce ne soit point à sa place méthodique), l'art. 772, relatif aux aliénations volontaires, vont plus loin ; comme l'avait déjà fait la loi du 3 mai 1841, en matière d'expropriation pour cause d'utilité publique, ils posent le principe que les créanciers à hypothèque légale dispensée d'inscription, pour le droit de préférence, et qui de fait n'ont pas inscrit avant la transcription de l'adjudication, malgré tous les avertissements ci-dessus, conservent cependant ce droit de préférence, sauf à l'exercer dans les délais qui seront indiqués plus bas ; d'après cela, le défaut d'inscription débarrasse bien l'adjudicataire du droit de suite hypothécaire ; mais il n'a pas cet effet quant au droit de préférence ; en d'autres termes, la purge de l'hypothèque légale non inscrite ne l'*éteint*, pour parler comme l'art. 2180 du Code civil, que pour un seul de ses attributs, savoir, ses droits contre l'acquéreur.

Or, cette disposition de l'art. 717 est l'une des innovations majeures de la loi du 21 mai 1858 ; hâtons-nous de dire qu'elle est conforme aux principes de notre régime hypothécaire, qui dispense d'inscription, *vis-à-vis des autres créanciers* (2135), les hypothèques légales des femmes mariées et des mineurs ou interdits, et que cette décision, en ne consacrant pas la jurisprudence de la Cour de Cassation, pour ainsi dire invariable à cet égard (1), a donné raison à la majorité des auteurs (2) ; notre enseignement personnel y trouve aussi sa justification et la conscience publique une satisfaction (3). Cela ne contrarie en rien la règle qui, faute d'inscription avant la transcription, fait perdre en général le droit de préférence en même temps que le droit de suite, d'après l'art. 6 de la loi du 23 mars 1855 ; car, d'une part, le texte même de cet article ne regarde pas les hypothèques légales dont il s'agit ici , et, d'autre part, l'inscription n'étant provoquée, durant la procédure en saisie ou dans la procédure en purge sur aliénation volontaire, que dans *l'intérêt de l'adjudicataire ou acquéreur*, sans modifier la dispense générale d'inscription pour les rapports *entre créanciers* , l'absence d'inscription ne peut profiter qu'au premier.

Du reste, cette disposition de la loi nouvelle qui, selon nous, ne fait que dire expressément ce qui résultait déjà du Code Napoléon lui-même, a été très sagement élaborée (4) et la discussion (5), où la controverse théorique a eu ses champions divers , a parfaitement élucidé ce point si important.

Il y avait à concilier, d'une part, les exigences du crédit qui a besoin de prompte et sûre distribution des prix de vente, et, d'autre part, la protection dûe aux incapables, qui, malgré toutes les précautions légales et même avec l'obligation imposée au procureur impérial de prendre inscription pour ceux qui ont hypothèque du chef d'un saisi, ne sont pas toujours assurés contre l'omission d'inscription dans leur intérêt. Théoriquement, il eût été plus *simple* sans doute de déclarer tout le droit éteint par la purge ;

(1) Voyez l'arrêt solennel du 23 février 1852, rendu contre les conclusions de M. le procureur-général Delangle. — Sir. 52, 1-81 et les citations.

(2) Voyez toutes les citations d'auteurs et d'arrêts en sens divers.— Gilbert, Table générale. V° Hypoth. lég., n. 353 à 362.

(3) *Exposé des motifs,* p. 21.

(4) Voyez *Exposé des motifs*, p. 20 et suiv. — *Rapport*, p. 20.

(5) *Moniteur* du 14 avril 1858.

mais ce n'eût pas été juste ; toutefois, il ne fallait pas se jeter dans un excès opposé, et c'était la survie trentenaire du droit de préférence qui offrait le plus grand argument aux opposants du projet ; c'est pourquoi la loi nouvelle a voulu tout concilier, en conservant, il est vrai, le droit de préférence auquel ont dû s'attendre les autres créanciers quand ils ont traité, mais en ne le conservant que s'il se produit, au plus tard, au moment après lequel les créanciers inscrits ne sont plus admis à se présenter à l'ordre, qui doit d'ailleurs être ouvert dans un court délai, fixé par les art. 751 et 752, pour les cas d'expropriation et par l'art. 772 pour les aliénations volontaires (1). Nous nous contenterons de faire connaître, pour le moment, le principe consacré par la loi nouvelle, avec la restriction qu'elle y apporte elle-même ; nous en exposerons les détails plus bas et à leur place.

Nous ajouterons ici seulement que le principe de la survie du droit de préférence, posé par la loi, s'applique aussi aux cas où un ordre proprement dit ne serait pas ouvert, et où la distribution serait conventionnellement et extrajudiciairement réglée avant les délais qui (*ut suprà* et *infrà*) entraînent la fin de cette *seconde vie* (2). Or, il faut noter, à cet égard, que la loi actuelle, à très bon escient (3), n'a rien voulu dire sur la durée du droit de préférence par rapport aux effets de ces contrats ; mais il a été dit par le Commissaire du Gouvernement que la jurisprudence devra appliquer les principes de la loi, et avoir égard à la pensée d'une prompte déchéance du droit de préférence après le droit de suite. Qu'est-ce à dire ? Nous craignons que ce ne soit un peu vague, quoique le rapport de la commission contienne ces paroles : « Si les créanciers inscrits font entre eux un » ordre amiable, notarié ou sous seing privé..., la clôture » de cet ordre, ayant date certaine (4), pourra être opposée

(1) *Exposé* et *Rapport,* pages citées.
(2) *Rapport* de la commission, p. 27.
(3) *Moniteur* du 14 avril 1858.
(4) Lisez : *pourvu qu'il ait acquis date certaine, s'il est sous seing privé.*

» à l'hypothèque légale.... Le droit de préférence ne pour-
» rait, sans la perturbation la plus étrange, sans devenir
» *révolutionnaire,* être admis à renverser un ordre d'au-
» tant plus digne d'être maintenu, qu'il est amiable et qu'il
» est prompt, et qui se serait loyalement accompli après la
» purge, en présence de l'inertie de l'hypothèque légale ou
» dans l'ignorance de son existence. »

En résumé sur ce point, la femme mariée, le mineur ou interdit, même non inscrits sur la procédure en purge, peuvent exercer leur droit de préférence, sauf à observer certains délais qui seront indiqués plus tard.

23. Après cette digression, dont le sujet est pris dans notre loi, mais qui nous a un peu écartés de notre route, rétablissons nos jalons.

Nous ne sommes encore qu'aux préliminaires de l'ordre sur expropriation. La première formalité, la *transcription du jugement d'adjudication*, a fait l'objet de notre § 1er. Arrivons à la seconde.

§ 2. — Dépôt de l'état des inscriptions et réquisition d'ouverture
de l'ordre.

24. « Le saisissant, dans la huitaine après la transcrip-
» tion, et, à son défaut, après ce délai, le créancier le plus
» diligent, la partie saisie ou l'adjudicataire, dépose au
» greffe l'état des inscriptions, requiert (du juge spécial)
» l'ouverture du procès-verbal d'ordre, et, s'il y a lieu (s'il
» n'y a pas de juge spécial), la nomination d'un juge-
» commissaire », qui est faite par le président, selon la forme indiquée par le Code de 1807, et acceptée par le nouvel article 750.

Nous n'avons pas à insister sur ce point. Les observations de détail, dont il peut être susceptible, ne peuvent trouver place dans un travail tel que celui-ci : arrivons au troisième préliminaire de l'ordre.

3

§ 3. — *Tentative d'un règlement amiable de l'ordre devant le juge.*

25. Ceci est tout à fait nouveau pour la législation française (1), qui ne prévoyait d'autre distribution amiable, sans la régler ni en imposer l'essai, que celle dont nous avons déjà parlé, comme étant une simple convention notariée ou sous seing privé (art. 750 Proc.), et le projet de loi ne contenait rien d'analogue. C'est à la Commission du Corps législatif qu'en revient tout l'honneur.

Or, d'après l'art. 751, §§ 1 et 3, « le juge-commissaire, » dans les huit jours de sa nomination, ou le juge spécial, » dans les trois jours de la réquisition, convoque les créan» ciers inscrits, afin de se régler amiablement sur la dis» tribution du prix. » ..... « La partie saisie et l'adjudica» taire sont également convoqués », dans le cas, bien entendu, où ils ne poursuivent pas eux-mêmes l'ouverture de l'ordre.

La loi détermine, d'abord, ce qui regarde la convocation de ces diverses personnes : elle a lieu « par lettres chargées » à la poste, expédiées par le greffier et adressées tant aux » domiciles élus par les créanciers dans les inscriptions, » qu'à leur domicile réel en France ; les frais en sont avan» cés par le requérant. » Il est clair que la partie saisie est convoquée à son domicile réel, ainsi que l'adjudicataire, à moins que celui-ci ne soit l'un des créanciers, cas dans lequel il serait inutile de lui adresser une double convocation.

« Le délai pour comparaître est de dix jours au moins » entre la date de la convocation et le jour de la réunion » (751, § 4), et cette comparution est obligatoire sous peine » d'une amende de vingt-cinq francs » (751, § 7). Le plus souvent, les parties comparaîtront par le ministère d'avoué ; mais cela ne nous paraît pas indispensable, vu le caractère

____

(1) L'idée en a été empruntée à la législation de la Belgique, de la Suisse et du Piémont, qui l'appliquent avec des variétés.

tout amiable de cette opération, et elles pourront venir en personne, ce qui est dans les vues de la loi, ou par des mandataires, même non *ad lites* (1), pour exposer et défendre leurs droits devant le juge.

Quant aux créanciers incapables de l'exercice des droits civils, ou du moins soumis à des restrictions sous ce rapport, le silence de la loi fait qu'on se demande comment ils pourront prendre part à cette tentative de conciliation? Dans une matière analogue, le préliminaire de conciliation devant le juge de paix, la même difficulté se présente rarement, parce que les affaires intéressant la plupart de ces incapables sont dispensées de cette formalité ; mais ici tous les créanciers sans distinction sont appelés à prendre part à l'ordre amiable, et sont intéressés à ce qu'il aboutisse. Or, voici, selon nous, la règle à suivre à cet égard : Les mineurs non émancipés, interdits et établissements publics, seront appelés et comparaîtront dans la personne de leurs tuteurs et administrateurs légaux ; les mineurs émancipés seront convoqués en personne et comparaîtront avec l'assistance de leur curateur ; quant aux femmes mariées, la nécessité de la convocation et assistance du mari, comme tel, dépendra du régime et des conventions matrimoniales, combinés avec la nature de la créance réclamée par la femme.

Le juge entend les prétentions diverses, et peut ordonner, sans frais ni nouvelles convocations, plusieurs renvois successifs, pour faciliter la conciliation des intéressés. Si le règlement du prix est amiablement convenu entre les créanciers unanimes, et que ce règlement obtienne aussi l'adhésion de l'adjudicataire et du saisi (2), « le juge en dresse procès-» verbal ; il ordonne la délivrance des bordereaux aux créan-» ciers utilement colloqués , et la radiation des inscriptions » des créanciers non admis en ordre utile. Les inscriptions

(1) *Rapport* de la commission, p. 42.

(2) Voy. cepend. *Rapport* de la commission, p. 42. — Voy. Duvergier, *Coll. des Lois*, 1858, p. 343.

» seront rayées sur la présentation d'un extrait délivré par
» le greffier de l'ordonnance du juge. »

Cette conclusion de l'ordre amiable fait revenir l'examen de la situation des incapables dans cette opération; les tuteurs et administrateurs, les mineurs émancipés assistés de leur curateur, la femme mariée peuvent-ils purement et simplement adhérer, dans tous les cas, à un règlement amiable, sans aucune formalité judiciaire? Le projet de la Commission, présenté par amendement au Conseil d'Etat, prévoyait un des détails de cette question : son rapport s'exprime ainsi : « Votre commission avait considéré le
» consentement au règlement amiable beaucoup moins
» comme une transaction, que comme un acte d'adminis-
» tration : le tuteur peut, sous sa responsabilité, aliéner les
» valeurs mobilières, ne pas produire pour une créance
» qui lui semble perdue; il peut de même consentir à un
» règlement amiable pour épargner des frais et les lenteurs
» d'ordre judiciaire, qui empêcheraient, réduiraient ou
» retarderaient la collocation de la créance. Le Conseil
» d'Etat, ayant éliminé cette partie de notre article, l'ordre
» amiable, devant le juge, sera *sans doute* considéré sous
» ce rapport, comme l'est aujourd'hui un ordre devant
» notaire (1). » Or, qu'est-ce à dire? Sans entrer ici dans des détails que notre cadre nous interdit, nous proposerons à ce sujet la distinction suivante : toutes les fois que le résultat de l'ordre amiable assurera leurs créances à ces divers incapables, nous dirons qu'ils peuvent, eux ou leurs repré-sentants, selon les cas, consentir au règlement sans autres formes que celles qu'ils auraient à observer pour toucher le montant capital de ces créances : le tuteur est capable (2) à cet effet; le mineur émancipé l'est aussi assisté de son cura-teur (3), ainsi que la femme paraphernale ou séparée de biens, même sans son mari (4), sauf à donner, lors du payement,

(1) *Rapport*, p. 45.
(2) Code civil, 150 et 1739.
(2) Code civil. 483.
(4) Article 1576, 1449. 1536 Code Nap

les garanties imposées par le contrat de mariage ou le jugement de séparation de biens. Mais si la conclusion amiable dépend de l'abandon d'une partie des droits de ces incapables, ou même s'ils ont seulement à acquiescer à la préférence d'autres créanciers sur eux, en reconnaissant qu'ils ne viennent pas en rang utile, la chose ne sera pas aussi simple : le conseil de famille, devra autoriser les acquiesce ments des tuteurs (1) et même des mineurs émancipés (2) ; le mari ou la justice devra autoriser la femme, même paraphernale, ou séparée de biens ; cette autorisation ne suffira même point s'il s'agit d'une créance dotale appartenant à une femme mariée sous le régime dotal ; il faudra alors, même pour le simple acquiescement dont s'agit, et, à plus forte raison, pour l'abandon par accommodement d'une partie de la créance, remplir des formalités qui seront imitées de celles que le tuteur devra observer en transigeant, lui aussi, pour son pupille, savoir : l'avis de trois jurisconsultes désignés par le procureur impérial, et l'homologation par le tribunal du projet d'ordre amiable, en ce qui regarde les incapables (3). S'il s'agit de *personnes morales* ou établissements publics, on suivra les formes administratives requises pour les acquiescements et transactions qui les intéressent.

Nous convenons que ces mesures de protection ne cadrent guère avec le court délai d'un mois, dans lequel l'article 752 veut que l'ordre amiable soit arrêté ; mais, tout en admettant que le juge pourra fixer aux créanciers, qui ont besoin de ces précautions, une époque rapprochée pour les prendre, on ne peut, pour seconder les vues conciliatrices du législateur, et ses désirs d'une prompte conclusion des ordres, se départir entièrement des règles de Droit civil qui protègent les incapables.

L'article 717, § dernier, en consacrant la *survie du Droit*

(1) Article 464 Code civil.

(2) Article 484 Code civil.

(3) Article 467 Code civil. — Voyez Rodière et Pont., *Du contrat de mariage*, t. 2, p. 123. Carré-Chauveau, quest. 2541 *quater*. — Duvergier, *Coll. des Lois*, 1858, p. 343.

de préférence, en faveur des créanciers à hypothèque légale, qui n'ont pas pris inscription avant la transcription de l'adjudication, s'est préoccupé de notre cas de règlement amiable, et, voulant, comme nous l'avons annoncé, fixer un terme à cette survie, il dispose que ces incapables ne conserveront alors leur préférence « qu'à la condition de faire valoir leurs » *droits* avant la clôture. »

Toutefois nous ferons ici une observation : l'article 751 n'impose l'obligation de convoquer à la tentative de conciliation que les *créanciers inscrits,* et cela par lettres adressées à leur *domicile élu dans l'inscription et à leur domicile réel ;* or, l'hypothèse du dernier § de l'article 717 est, que les créanciers à hypothèque légale, dont le droit expire *par la clôture de l'ordre amiable, n'ont pas pris d'inscription :* il faut en conclure que la loi les considère comme suffisamment avertis de la *possibilité* de l'ordre amiable par les provocations à s'inscrire qu'ils ont reçues : ils doivent donc se tenir au courant de la poursuite, se présenter spontanément et « faire valoir leurs *droits,* » comme le dit l'article 717.

Enfin, « à défaut de règlement amiable dans le délai d'un » mois (1), dit l'article 752, le juge constate sur le procès- » verbal que les créanciers n'ont pu se régler entre eux et » prononce l'amende contre ceux qui n'ont pas comparu. »

Si l'on applique l'article 1029 Pr. à cette amende, plus élevée que celle qui est encourue pour défaut de comparution à la tentative ordinaire de conciliation (56 Pr.), le juge ne pourra jamais en relever le créancier même excusable ; mais cela nous paraîtrait bien rigoureux, alors que, d'une part, l'article 1029 n'a pu comprendre l'article 751 *actuel,* qui est de droit nouveau (L. 21 mai 1858), et que, d'autre part, on admet, d'après une décision du Ministre de la justice du 15 novembre 1808, l'excuse de maladie, accident, force majeure, pour le cas de l'article 56 que comprenait cependant l'article 1029 (2).

---

(1) A partir, sans doute, du jour fixé pour la comparution.
(2) Voyez Carré Chauveau, t. 1, p. 266. — Boncenne, t. 2, p. 47.

Telle est la tentative de conciliation que les bons précédents de Suisse, de Belgique et de Piémont (1) ont recommandée au législateur français. Puissent ses résultats chez nous ne pas tromper son attente, et la division du sol avec la multiplicité des petits ordres, où figurera souvent le même créancier, ne pas trop compliquer la mise en pratique de cette nouvelle institution !

§ 4. — *Ouverture de l'ordre proprement dit.*

26. Après avoir dressé le procès-verbal de discord, le juge « *déclare l'ordre ouvert* (752). »

Jusqu'ici les créanciers n'ont été prévenus qu'officieusement, pour ainsi dire , du concours ouvert entre eux et au moyen d'une lettre d'avis ; en n'y répondant pas , ils n'ont encouru qu'une amende : soit, si tel est leur bon plaisir.

Maintenant, la Procédure va revêtir son caractère tout-à-fait contentieux, et la négligence du créancier de répondre aux appels qui lui seront adressés afin qu'il y prenne part, aura pour sanction, nous le disons d'avance, la perte de sa créance ; aussi, la loi du 21 mai 1858 exige-t-elle, par une sage innovation, qu'en ouvrant l'ordre proprement dit, le juge commette « un ou plusieurs huissiers, à l'effet de som- » mer les créanciers de produire. » C'est une garantie que les copies seront exactement remises et qui est déjà usitée en bien d'autres matières (2).

Du reste cette partie du procès-verbal (de discord) ne peut être ni expédiée, ni signifiée (752). Le poursuivant devra se tenir au courant de l'ouverture de l'ordre et de la commission des huissiers, sans attendre aucun avis du greffier à cet égard (3).

Tels sont les préliminaires de l'ordre, dans le cas d'*expropriation forcée* : transcription du jugement d'adjudication,

(1) Voyez le *Rapport,* p. 37 et 38.
(2) Voyez 2183, 2185 Code civil ; 156, 832 Proc.
(3) *Rapport* de la commission, p. 47.

dépôt de l'état des inscriptions et réquisition d'ouverture d'ordre, tentative de conciliation, et enfin, ouverture même de l'ordre.

Voyons actuellement le même sujet, dans les cas d'*aliénation autre que l'expropriation forcée*.

SECTION II.

PRÉLIMINAIRES DE L'ORDRE APRÈS ALIÉNATION VOLONTAIRE.

27. Le seul fait d'avoir eu lieu aux enchères ne suffit pas, on le sait, pour donner à une vente le caractère de vente forcée ; d'où il suit que les règles dont nous allons parler s'appliquent à toutes celles qui ne procèdent pas d'une saisie immobilière, notamment à l'adjudication à suite de surenchère après aliénation volontaire.

28. Le Code de 1807 (art. 775) ne donnait qu'à l'acquéreur et au créancier le plus diligent le droit de provoquer l'ordre, quels que fussent d'ailleurs les termes de paiement que le contrat d'acquisition pouvait accorder au nouveau propriétaire, attendu qu'en achetant un immeuble hypothéqué, il a dû savoir qu'il s'obligeait à acquitter *sur-le-champ* (2184) les dettes hypothécaires ; la nouvelle loi (art. 772), tenant compte de l'intérêt que peut avoir le vendeur lui-même à liquider une position qui a pu être la cause de son aliénation, lui donne le droit de provoquer l'ordre, pourvu qu'il respecte la convention faite avec l'acquéreur, en n'agissant que « lorsque le prix est exigible » aux termes du contrat. »

29. Mais, avant que l'on puisse faire ouvrir l'ordre, il y a, comme dans le cas d'expropriation, des préliminaires analogues à observer : il faut que les formalités de la purge soient accomplies, ce qui correspond à la transcription, et qu'ensuite on procède au dépôt de l'état des inscriptions, à la tentative de conciliation et à l'ouverture même de l'ordre. Nous n'avons à parler ici que de la purge : le reste est commun aux deux hypothèses.

Le motif général de l'art. 772, quand il veut que l'ordre ne soit « ouvert qu'après l'accomplissement des formalités » prescrites pour la purge des hypothèques, » c'est qu'il est juste et convenable que l'ordre ne s'ouvre « qu'autant que » le prix est définitivement fixé et accepté par les créan- » ciers (1) ; » or, ils ne peuvent le faire qu'après avoir été mis en mesure de connaître ce prix et d'apprécier s'il représente, sans surenchère, la véritable valeur de l'immeuble : il ne peut donc dépendre de l'acquéreur de se dispenser de purger avant l'ordre, sous prétexte que lui seul court le risque d'une poursuite hypothécaire ; or, dans la rigueur des choses, on ne peut considérer le prix comme définitivement fixé à l'égard de *tous* les créanciers qu'après la purge, tant des hypothèques ordinaires, que des hypothèques légales non inscrites, selon le mode fixé par les art. 2194 et suivants, auxquels il n'est rien changé par notre loi, pour les cas d'aliénation volontaire, notamment en ce qui touche à l'ins- cription à prendre par le procureur impérial, qui, en ce cas, reste *facultative*.

L'ancien art. 775 était textuellement rédigé en ce sens ; mais la jurisprudence (2) et la pratique (3), conformes à l'opinion des auteurs (4), avaient donné à cette disposition une interprétation moins rigoureuse, et l'ordre était souvent ouvert sans qu'on eût purgé les hypothèques légales ; l'inuti- lité de cette procédure, dans tous les cas où il était notoire que le débiteur et ses auteurs n'étaient pas grevés de ces hypothèques, portait l'acquéreur à s'en dispenser, et les créanciers inscrits n'avaient rien à gagner à ce que l'on purgeât, puisque cette opération ne devait pas priver les

(1) Voyez *Moniteur* du 15 avril 1858.
(2) Voyez Gilbert, table générale, v° Ordre, n. 19 et suiv.
(3) Voyez *Rapport*, p. 69.
(4) Voyez Rodière, *Procédure civile*, t. 3, p. 233.

incapables de produire à l'ordre, malgré le défaut d'inscription. L'art. 772 de la nouvelle loi a trouvé les choses en cet état, et l'on a signalé au législateur la convenance qu'il eût pu y avoir à déclarer formellement que l'on ne serait pas obligé de purger les hypothèques légales avant l'ouverture de l'ordre; néanmoins le texte ne distingue pas, et l'on peut dire qu'il n'en résulte pas une obligation moins stricte pour la purge des hypothèques légales que pour celle des hypothèques inscrites. Malgré cela, il a été reconnu (1) que la loi, ne prononçant pas la peine de nullité de l'ordre ouvert avant la purge, rien ne s'opposait à ce que, si les créanciers et l'acquéreur sont d'accord, on se dispensât de cette formalité, ce qui aura lieu toutes les fois qu'elle sera reconnue inutile par la sincérité et la loyauté du prix de l'aliénation. Mais, en l'absence de cet accord des volontés, on ne peut, par l'ouverture hâtive de l'ordre, imposer à tel ou tel créancier l'acceptation d'un prix que la procédure en purge pourrait seule lui faire légalement connaître; un tel ordre serait irrégulier et ne pourrait nuire aux créanciers non adhérants; ceci serait surtout vrai pour les incapables dont on n'aurait pas purgé l'hypothèque légale. Faut-il donc, en l'absence de tout consentement exprès, qui serait quelquefois impossible à demander à des créanciers occultes, décider qu'il faudra toujours exiger la purge et surtout celle des hypothèques légales, alors même qu'on aura la conviction que cette purge est, en définitive, sans intérêt? Telle n'est pas la pensée du législateur; on laisse au *juge* (2), qui est ici très probablement le juge spécial ou le commissaire nommé, le pouvoir de refuser l'ouverture de l'ordre, et d'imposer à l'acquéreur, suivant les circonstances, la nécessité de la purge; un délai devra alors lui être fixé pour commencer cette procédure, et tout retard à ce sujet sera vaincu par la sommation trentenaire de l'art. 2169 et 2183 du Code civil, qui pourra lui être adressée par tout créancier hypothécaire. Si, au contraire, le juge ne voit aucun inconvénient à dispenser de la purge, au moins pour les hypothèques légales, les préliminaires suivent leur cours, comme il a été dit ci-dessus, et l'on procède à la tentative de conciliation. Ce pouvoir discrétionnaire qu'on a voulu donner au juge nous paraît exorbitant et sujet à beaucoup d'inconvénients ; il est bien possible qu'il soit rarement exercé, et que, pour plus de sûreté, les commissaires exigent toujours l'accomplissement de la purge, qui occasionnera frais et retards contre le vœu de la loi.

Il faut, du reste, signaler un grand intérêt que peuvent avoir les créanciers ordinaires à la purge des hypothèques légales ; c'est que, tant qu'elle n'est pas opérée, les incapables pourront, à quelque époque que l'ordre soit ouvert d'après le droit commun, exercer contre eux leur *droit de préférence*, comme leur *droit de suite* contre *l'acquéreur*, tandis que, dans le cas de purge, s'il n'a pas été pris inscription dans le délai de deux mois, fixé par l'art. 2195, notre art. 772 ne leur permet « d'exercer de droit de préfé- » rence sur le prix qu'autant qu'un ordre est ouvert *dans* » *les trois mois qui suivent l'expiration de ce délai,* » et pourvu encore qu'ils produisent spontanément (1), avant la clôture de l'ordre amiable devant le juge (751), ou, en cas d'ordre proprement dit, dans le délai fixé par l'art. 754 (*infrà*).

30. Une fois la purge opérée et le prix fixé, ou si le juge pense pouvoir aller en avant, on suit alors les règles précédemment exposées à l'occasion de l'ordre sur expropriation, car l'article 772 dit, comme l'ancien 776, que l'ordre après aliénation volontaire, est introduit selon les règles déjà posées pour l'ordre après saisie.

Toutefois, nous ne pouvons croire que le créancier envers lequel la purge n'aura pas eu lieu, parce que le juge ne l'aura pas exigé, soit lié par l'ordre, même consommé, s'il

1) Voyez *suprà*. n. 25.

n'y a pas concouru, pas plus qu'il n'a perdu son action hypothécaire contre l'acquéreur.

Arrivons maintenant à la confection même de l'ordre; nous pourrons marcher plus rapidement, après l'examen que nous avons déjà fait des questions majeures résolues par la loi nouvelle.

CHAPITRE II.

De la confection de l'Ordre.

31. L'économie générale de la procédure d'ordre, soit après expropriation, soit après aliénation volontaire, n'a pas subi de changement dans la loi du 21 mai 1858; mais plusieurs détails très importants ont été modifiés selon les vues d'amélioration et d'économie qui ont inspiré le législateur.

Sommation de produire faite aux créanciers et dénonciation de l'ouverture d'ordre à l'adjudicataire ou acquéreur, — productions, — état de collocation provisoire, — clôture de l'ordre, telles sont les phases diverses de cette procédure. Sur chacune d'elles nous allons faire connaître les dispositions de la loi nouvelle, en les accompagnant de quelques observations.

SECTION PREMIÈRE.

SOMMATION DE PRODUIRE FAITE AUX CRÉANCIERS ET DÉNONCIATION DE L'OUVERTURE DE L'ORDRE A L'ADJUDICATAIRE.

32. Le poursuivant de l'ordre doit sommer de produire tous les créanciers inscrits. Cette sommation qui est signifiée par le ministère des huissiers commis par le juge (752) doit avoir lieu dans les huit jours de l'ouverture de l'ordre.

« Il sera utile, dit le rapport de la commission, que la
» sommation indique les biens saisis, afin de dispenser les
» créanciers, qui veulent en comparer la désignation à celle
» de leur inscription, de faire rechercher, au greffe, ces

» détails sur la réquisition d'ouverture d'ordre qui ne sera
» pas signifiée désormais (1).

La sommation est signifiée aux domiciles élus dans les
inscriptions, ou à celui des avoués des créanciers, s'il y en
a eu de constitués dans la procédure en saisie-immobi-
lière. Cette règle s'applique même au vendeur précédent
de l'immeuble en distribution, auquel est encore dû son
prix privilégié. Toutefois, comme ce vendeur peut n'avoir ni
d'avoué constitué, ni de domicile élu dans l'inscription
d'office, prise par le conservateur et non encore renouvelée
par ce créancier privilégié, la loi (753) veut, selon des
précédents de jurisprudence, qu'en ce cas, le vendeur soit
sommé de produire à son domicile *réel* (Voy. art. 68 et
69, § 8 Cod. Proc.), pourvu qu'il soit situé dans la France
continentale. On ne pouvait le suivre plus loin ; pourquoi
n'a-t-il pas mieux veillé à ses intérêts, en élisant domicile, ou
en laissant un mandataire en France (2)?

« La sommation, continue l'article 753, contient l'aver-
» tissement que, *faute de produire dans les quarante jours*,
» le créancier sera déchu, » précaution salutaire de l'omission de laquelle nous verrons plus bas la portée.

On peut observer que la sommation, dont il s'agit ici, ne
doit pas être adressée aux créanciers à hypothèque légale,
même du chef du saisi ou du vendeur immédiat qui n'ont pas
pris inscription ; ils sont censés suffisamment avertis par les
moyens pris par la loi, pour les lier à l'expropriation et par les
formalités de l'article 2194 ; c'est à eux de veiller pour produire et *faire valoir leurs droits* de préférence ; car bientôt
ils vont courir le risque d'une forclusion.

Outre la *sommation de produire*, le poursuivant doit,
d'après l'article 753, dénoncer « *en même temps* » l'ouverture de l'ordre à l'avoué de l'adjudicataire ; mais il n'est fait
qu'une seule « dénonciation à l'avoué qui représente plusieurs adjudicataires.» Il est facile de comprendre l'intérêt de

(1) *Rapport*, p. 48.
(2) *Rapport*, p. 47 et 10.

l'adjudicataire à être prévenu de l'ouverture de l'ordre, soit afin de préparer ses fonds, soit afin de produire pour les frais de purge, en admettant comme exacte, la jurisprudence de la Cour de cassation (1) qui les met, sans distinction, à la charge du vendeur, soit, dans tous les cas, pour réclamer les frais désignés dans l'article 774 et pour lesquels l'acquéreur est privilégié (*ut infrà*).

La dénonciation doit avoir lieu « en même temps » que la sommation de produire, ce qui signifie dans le même délai, et non pas nécessairement par le même acte ; car la sommation et la dénonciation ont deux buts différents ; il n'est pas non plus exigé qu'elle ait lieu par l'huissier commis pour la sommation, quoique, en fait, il doive en être presque toujours ainsi.

L'adjudicataire manquera rarement d'avertir officieusement les créanciers à hypothèque légale qu'ils aient à produire, quoique, à cause de leur défaut d'inscription, non seulement il ne soit pas tenu, mais encore il ne puisse, sans faire un acte frustratoire, adresser, dans ce but, aucune sommation à ces créanciers : le projet de notre loi le voulait bien, mais cette disposition a été sciemment retranchée (2).

Afin d'assurer l'accomplissement de ces formalités et l'observation de ces délais, qui, du reste, ne sont pas sanctionnées par la peine de nullité, soit de l'acte, soit de l'ordre, l'article 776, dont nous ferons à la fin une mention générale, déclare l'avoué, qui est en faute sous ce rapport, déchu *de plein droit* de la poursuite et permet au juge-commissaire de le remplacer. De plus, afin que ce magistrat puisse contrôler le zèle de l'avoué, l'article 753 exige que « dans les » huit jours de la sommation, par lui faite aux créanciers » inscrits, le poursuivant en *remette* l'original au juge, qui » en fait mention sur le procès-verbal. » Pourquoi n'est-il rien dit de l'original de la dénonciation à l'adjudicataire, si elle a eu lieu par acte séparé ? Rien ne l'explique.

1. Arrêt du 22 avril 1856 : Sir., 56, 1, 849.
(2) *Rapport*, p. 19.

SECTION II.

PRODUCTIONS DES CRÉANCIERS.

33. C'est ici que la loi du 21 mai 1858 a porté une disposition qui peut être considérée comme le nerf principal des améliorations qu'elle tend à réaliser.

Selon l'article 754, conforme en cela au Code de 1807, tout créancier sommé, comme il vient d'être dit, doit produire ses titres de créance, privés ou authentiques, en les accompagnant d'un acte d'avoué, appelé *acte de produit*, signé de l'avoué et contenant demande de collocation ; quoique la loi ne le dise pas expressément, il a été entendu entre le Conseil d'État et la Commission, conformément du reste à la nature des choses, que « cet acte doit distinguer
» le principal de la créance, les intérêts, les frais ; — si le
» créancier n'a pas inscription sur tous les biens soumis à
» l'ordre, il doit désigner ceux sur lesquels il réclame collo-
» cation, afin de faciliter la ventilation qui devra plus tard
» en être faite (1). »

Les créanciers ont *quarante jours* (754) pour produire, après celui de la sommation, au lieu *d'un mois* que leur accordait seulement le Code de 1807.

« Le juge fait mention de la remise sur le procès-verbal, » ce qui ne signifie point que chaque production nécessite la présence du juge : elle a lieu au greffe, et c'est le greffier qui fait ensuite signer le procès-verbal par le juge.

Maintenant voici la sanction de l'article 754, et c'est ici que nous rencontrons la disposition dont on a dit avec raison que dépend l'efficacité de la loi nouvelle (2).

Il était reconnu, sous l'empire du Code de Procédure, que l'expiration du délai pour produire dans l'ordre, à la différence de celle du délai pour produire dans une distribution par contribution (660), n'entraînait pas la forclusion des

(1 et 2) *Rapport*, p. 50.

créanciers non produisants : on se demande même comment ceci avait pu être contesté, quoique sans succès (1), alors que l'ancien article 757 admettait des productions tardives jusqu'à la clôture de l'ordre, en ne punissant ce retard que par une sanction pécuniaire illusoire, et en consacrant ainsi une inégalité choquante, toute en faveur des créanciers les plus négligents.

Le nouvel article 755 met fin à cet état de choses : il considère les créanciers non produisants comme inexcusables ; les avertissements ne leur ont pas manqué pour les tenir en éveil, si déjà la position de leur débiteur n'a pas excité leur sollicitude. La procédure en purge sur aliénation volontaire, les formalités qui ont lié les créanciers à la saisie immobilière, la convocation du juge pour l'ordre amiable, enfin la sommation de produire elle-même, annonçant la peine encourue par la non production, ont dû leur faire comprendre leurs véritables intérêts ; aussi l'article 755 dispose : « l'expiration » du délai de quarante jours ci-dessus fixé emporte de *plein* » *droit* déchéance contre les créanciers non produisants. »

Ces mots « *de plein droit* » sont pleins d'énergie ; il n'est besoin d'aucune déclaration du juge pour que la déchéance soit encourue et si l'article ajoute que « le juge la constate » immédiatement et d'office sur le procès-verbal, » ce n'est pas qu'elle dépende de cette constatation ; le seul fait de la non production suffit et produit ce résultat péremptoire. Aucune excuse n'est admise dès que l'original de la sommation remis au juge , selon le dernier paragraphe de l'article 754, prouve qu'elle a été faite ; si les mandataires du créancier sont morts, absents ou négligents, pourquoi ne les a-t-il pas remplacés [452 C. Civ., 75, 343 Pr., etc.] (2) ? Notez même que le non produisant ne pourrait prétendre cause d'ignorance, parce qu'on aurait omis d'insérer dans la sommation l'avertissement de la déchéance à encourir ; car cet avertissement, tout de précaution de la part du législateur,

(1) Voyez les arrêts cités par Carré-Chauveau. *Quest.*, 2556 *bis*.
(2) Voyez *Exposé des motifs*. p. 31.

n'est pas la condition *sine quâ non* de sa déchéance ; il n'est
pas prescrit *à peine de nullité* ; la sommation suffit donc pour
faire courir le délai, au terme duquel setrouve la forclusion,
dont l'allégation d'une erreur de droit ne saurait relever.

34. Il y a même une situation où l'échéance du délai
pour produire, rend forclos des créanciers qui n'ont pas été
sommés de le faire ; nous voulons parler des femmes mariées, mineurs ou interdits, qui n'ont pas pris inscription,
soit avant la transcription de l'adjudication, soit dans les
deux mois de l'exposition du contrat, en cas de purge sur
aliénation volontaire. En effet, tout en disant que l'art. 717
et l'art. 772 leur conservent leur droit de préférence, quoiqu'ils aient perdu leur droit de suite, nous avons annoncé
que l'exercice de ce droit conservé était restreint dans cer
taines limites. Ici, c'est-à-dire dans l'ordre judiciaire, cette
limite est « l'expiration du délai fixé par l'art. 754 », ou les
quarante jours accordés aux créanciers inscrits.

D'après cela, on peut embrasser maintenant d'un seul coup
d'œil tout le système de la loi nouvelle sur cette survie du
droit de préférence, en faveur des créanciers à hypothèque
légale dispensée d'inscription.

Si l'ordre a lieu *après aliénation volontaire*, ces créanciers
doivent, pour conserver leur droit de préférence, aviser à ce
que : 1º la *réquisition d'ouverture de l'ordre* soit faite *dans les
trois mois* qui suivront l'expiration du délai accordé pour
prendre inscription par l'article 2195 Code civil ; 2º leur *production* ait lieu *avant la clôture de l'ordre*, s'il est réglé amiablement devant le juge, ou *avant l'expiration des quarante
jours* accordés aux créanciers inscrits par l'article 754, s'il
est réglé au contentieux. — Quand l'ordre est la suite d'une
expropriation, il résulte bien clairement de l'article 717, paragraphe dernier, que la *production* doit aussi avoir lieu avant
la clôture ou avant les quarante jours, selon que l'ordre est
amiable ou contentieux ; mais le texte n'impose aucun délai
pour l'*ouverture* de l'ordre, et les travaux préparatoires sont
assez confus à cet égard ; on paraît avoir compté que l'ordre

sur saisie serait plus promptement ouvert (750) que celui sur aliénation volontaire ; les créanciers à hypothèque légale feront donc prudemment, au cas de retard du saisissant, de requérir l'ouverture de l'ordre *avant l'expiration des trois mois*, limite extrême, posée pour les aliénations volontaires par l'article 772, et applicable ici par majorité de raison (1).

SECTION III.

DE L'ÉTAT DE COLLOCATION PROVISOIRE.

35. Nous devons voir ici successivement trois choses bien distinctes, savoir : 1° la rédaction de l'ordre provisoire ; 2° la dénonciation de cet état de collocation ; 3° les contredits auxquels il peut donner lieu.

§ 1er. — *Rédaction de l'ordre provisoire.*

36. Le délai pour les productions, d'après les art. 754, 717 et 772 combinés , étant expiré , et la forclusion étant constatée contre les non produisants, le juge, d'après l'art. 755, « dresse l'état de collocation sur les pièces produites » ; ce qui ne veut pas dire que ce magistrat ne puisse ordonner, à telle partie dont la production serait irrégulière, de la compléter par les pièces et renseignements nécessaires, sauf à rejeter la créance, faute de les fournir (2).

Cette opération, pour laquelle le Code de 1807 ne fixait aucun délai, doit avoir lieu, d'après l'art. 755, « au plus » tard, dans les vingt jours qui suivent l'expiration du délai » pour la production.

37. On n'a pas besoin de dire que cet état de collocation est dressé par le juge « suivant l'ordre des créances ou » inscriptions » (2166). C'est la difficile mise en pratique des règles de classement des priviléges et hypothèques, qui sont hors de notre sujet, et auxquelles la loi nouvelle n'a rien ajouté. Quoiqu'on eût proposé au Conseil d'État de

(1) Comb. 717, § ult., 772, § ult., 838, § ult. Voy. Duverg, *loc. cit.*, p. 348.
(2) Voyez Carré-Chauveau, *Quest.*, 2557 *bis.*

régler le mode de collocation des créances éventuelles ou conditionnelles, il a voulu laisser au juge la liberté de prendre les mesures qui lui paraîtront les plus convenables, et qui varieront d'après les circonstances, afin de concilier l'espérance du créancier avec l'expectative contraire des autres.

38. Mais il était un point qui se rattache directement à la confection de l'ordre, sur lequel les opinions flottaient incertaines, et dont la solution était pourtant indispensable pour que la spécialité des hypothèques reçût son application. « On a adjugé collectivement, pour un seul prix, divers » petits immeubles grevés d'hypothèques diverses, ou bien » un domaine vendu en bloc est formé de parcelles qui ont » des origines et des hypothèques distinctes. Il faut que le » prix afférent à chaque parcelle soit déterminé » (1); car chaque créancier n'a produit que pour être colloqué sur l'immeuble qui lui est affecté (*ut suprà* (2). Une ventilation est donc nécessaire.

Or, quoiqu'en fait, sous l'empire du Code de 1807, et dans le silence de ses dispositions, les juges-commissaires procédassent quelquefois par eux-mêmes à ces ventilations, acceptées ensuite par les parties, on contestait cependant la régularité de cette opération, et, dans tous les cas où le juge ne pouvait la faire lui-même, il paraît certain qu'il ne pouvait pas ordonner des mesures destinées à la faciliter (3). Cet embarras n'existera plus avec l'art. 757 de la nouvelle loi.

« Lorsqu'il y a lieu à ventilation du prix de plusieurs » immeubles vendus collectivement, dit cet article, le juge, » sur la réquisition des parties ou d'office, par ordonnance » inscrite sur le procès-verbal, nomme un ou trois experts » (ce qui exclut tout choix de la part des créanciers (4), fixe » le jour où il recevra leur serment et le délai dans lequel » ils devront déposer leur rapport. »
Malgré les apparences du texte de cet article, nous ne pen-

---

(1) *Rapport*, p. 56. — Voyez aussi, article 2211 Code Napoléon.
(2) *Suprà*, n. 33.
(3) Carré-Chauveau, *Quest.*, 2557 *quater*.
(4) *Contrà*, les articles 337, 304 et 305 Pr.

sons pas que l'expertise soit obligatoire, si le juge a des éléments qui lui suffisent pour faire lui-même la ventilation.

Dans le cas d'expertise ordonnée, « cette ordonnance est dénoncée aux experts par le poursuivant », sans qu'un délai précis lui soit prescrit : mais celui qu'a fixé le juge pour la conclusion de l'opération servira de stimulant et de mesure. Nous ne doutons pas que les experts nommés ne soient susceptibles d'être récusés, comme le prévoient les art. 308 et suiv. du Code de procédure, sans que d'ailleurs le poursuivant ait eu rien à faire pour notifier leur nomination aux divers créanciers ; mais il nous paraît impossible, pour juger cet incident, de recourir aux formes indiquées par les art. 311 et suivants : tout se passe ici par voie d'ordonnances du juge-commissaire sur le verbal d'ordre, sauf le droit ultérieur qu'auront les parties d'attaquer par le contredit aussi bien les bases que les détails de l'état de collocation.

Les experts prètent serment, au jour indiqué, devant le juge-commissaire, sans qu'il soit nécessaire que les créanciers soient appelés (art. 307 Proc.). En cas de refus ou de non présentation des experts, le juge les remplace (316 Proc.)

La prestation du serment « est mentionnée sur le procès-verbal d'ordre » (757), et rien n'indique qu'ils doivent fixer alors le jour de leurs opérations, ni que les créanciers doivent en être avertis spécialement ; mais ils peuvent s'en informer, se rendre sur les lieux et produire leurs renseignements et observations.

Les règles concernant la rédaction des rapports d'experts en général doivent être observées (2); il sera déposé au greffe (319), et « annexé au procès-verbal d'ordre » (757). L'art. 319 sur la taxe sera appliqué par le juge; mais le rapport ne peut être ni levé ni signifié (757) (3).

Le poursuivant, ou toute autre partie plus diligente, ou même le greffier, aviseront à ce que le juge soit informé de l'accomplissement de la formalité. Ce magistrat, « en

(1) *Contrà*. l'article 315.
(2) Voyez 316. § 2, 318.
(3) *Contra*. l'article 321.

» établissant l'état de collocation provisoire, prononce la
» ventilation. (757) »

39. L'art. 774 a cru devoir reproduire la disposition de
l'ancien art. 771, qui veut que, dans le classement des
créances, l'acquéreur soit employé par préférence pour le
coût des inscriptions et des dénonciations tendant à mettre
les créanciers en demeure de surenchérir (1). La jurisprudence applique la même disposition aux frais de purge en général, et il est évident qne les frais d'ordre sont compris dans
les frais privilégiés par l'art. 2101 Cod. Civ. (V. art. 759).

§ 2. — *Dénonciation de l'ordre provisoire.*

40. L'état de collocation provisoire ne doit pas être signifié (2) ; mais, d'après l'art. 755, § 2, sa confection doit être
dénoncée par le poursuivant, par acte d'avoué à avoué, aux
créanciers *produisants* et *inscrits*, comme le dit l'art. 136
du tarif, ainsi qu'à la partie saisie (ou au vendeur), qui appa-
raît pour la première fois dans la procédure. Lorsque l'adjudicataire est au nombre des produisants, ce qui est le plus
ordinaire, la dénonciation lui est faite comme tel ; dans le
cas contraire, la loi n'oblige pas à lui dénoncer l'ordre provisoire, en sa qualité d'*adjudicataire* ; mais, dans la pratique,
cela a lieu par simple acte d'avoué à avoué, et il nous paraît
utile de suivre ces errements. La dénonciation aux créanciers
et au saisi, que l'ancien art. 755 ne soumettait à aucun délai,
doit, selon la loi nouvelle, être faite *dans les dix jours* de la
confection de l'état, et cela sous la sanction, contre l'avoué,
d'être, en cas d'inobservation, privé de la poursuite (776).
Cet acte de dénonciation contient « sommation de prendre
» communication (de l'état de collocation), et de contredire,
» s'il y échet, sur le procès-verbal, dans le délai de trente
» jours. »

§ 3. — *Des contredits.*

41. L'ordre provisoire peut être contredit soit par un ou

1) Rodière, *Procéd. Cir.*, 3, 234.
(2) Tarif, article 134.

plusieurs des créanciers produisants, soit par le saisi, auxquels 755 en a fait dénoncer la confection ; il peut l'être aussi par l'adjudicataire ou l'acquéreur, qu'il ait reçu ou non quelque dénonciation; car il peut avoir grand intérêt, en sa qualité de débiteur du prix à distribuer, de faire corriger des bases fautives de distribution posées par le commissaire.

42. Les contredits doivent être formés dans le délai de 30 jours (au lieu du délai plus vague d'un mois de l'ancien article); l'article 756, étendant au saisi la sanction que le Code de 1807 ne prononçait que contre les créanciers, faute d'avoir contredit, dispose que, dans ce cas, « ils demeurent » forclos, sans nouvelle sommation, ni jugement. » Ce délai dont l'échéance est si rigoureuse, court du jour de la dénonciation ; si elle n'a pas eu lieu le même jour à tous les créanciers et au saisi, quoique dans les dix jours après la confection de l'ordre, les trente jours ne courront que de la dénonciation la plus récente, parce que la partie, qui l'a reçue, pouvant, en contredisant, remettre l'ordre en question, il n'y a aucun intérêt à forclore les autres (1).

On comprend, d'après la juste sévérité de l'article 756, qu'après ce délai, l'état des contestations est fixé, sans qu'on puisse plus tard, et à l'occasion d'un contredit fait en temps utile, y en joindre un nouveau ou étendre le premier; tout ce qu'il est possible de faire, c'est d'appuyer celui-ci de tous les moyens légitimes, même fussent-ils nouveaux ; on peut ici appliquer par analogie l'interprétation donnée au § 1er de l'article 464 Proc. sur les demandes nouvelles formées en appel.

La forclusion, n'étant prononcée que contre les créanciers produisants ou le saisi qui ont reçu les notifications, ne serait pas encourue par ceux auxquels elle n'aurait pas été faite, pas plus que par l'adjudicataire, en cette qualité : leurs droits restent entiers, jusqu'à l'expiration du délai pour se pourvoir contre l'ordonnance de clôture d'ordre, comme il

(1) Voyez Carré-Chauveau, *Quest.* 2558 *quater* et les citations.

sera dit plus bas, et sous la réserve même de la tierce-opposition, s'il y a lieu.

» S'il n'y a pas de contestation, il n'est fait aucun » dire (756) ».

43. Arrivons à la *forme* des contredits.

C'est « sur le procès-verbal d'ordre (755) » que le contredit doit être fait, par un dire que l'article 758 veut être motivé, afin d'éviter des contestations purement chicaneuses ou capricieuses, sans que d'ailleurs la peine de nullité accompagne cette prescription (1); le « contestant doit pro- » duire (c'est-à-dire déposer au greffe) toutes pièces à l'appui» des contredits ; il n'y a pas d'autre formalité à remplir, et notamment les contredits ne doivent pas être signifiés.

44. Les contredits régulièrement formés doivent être appréciés en justice, à moins que ceux contre lesquels ils sont dirigés n'y acquiescent valablement.

Quoi qu'il en soit, et en nous plaçant dans l'hypothèse la plus ordinaire, celle du jugement des contredits, voici quelle est, à cet égard, l'économie de la loi du 21 mai 1858.

45. Dès que le délai pour contredire est expiré et que, dès lors, le nombre et la nature des contestations sont fixés, le juge, dit l'article 758, § 2, « arrête l'ordre pour les créances antérieures à celles contestées, » si toutefois il lui paraît utile de faire cette clôture partielle ; quoique le Conseil d'Etat ait maintenu, malgré les observations de la Commission, le texte de l'article 758 en termes *positifs* et non *facultatifs*, nous ne pensons pas qu'il ait voulu imposer au juge l'obligation de faire cette opération quand il n'en reconnaîtrait pas la nécessité et n'en serait pas requis par une partie intéressée ; mais, en outre, il lui est entièrement *loisible* (2), d'après une sage innovation de notre article 758 § 2, et s'il

---

(1) *Rapport*, p. 56.
(2) *Rapport*, p. 58.

n'y voit de danger pour personne, « d'arrêter l'ordre même
» pour les créances postérieures, en réservant une somme suf-
» fisante pour désintéresser les créanciers contestés. » Cette
double mesure, quand elle est prise par le juge, a un caractère définitif, quoique la loi actuelle n'ait pas reproduit les
termes, d'ailleurs un peu équivoques, de l'ancien article 758.

46. Quant aux créanciers contestants, le juge les « renvoie
» à l'audience (758 § 1) ; » mais au lieu de laisser les suites
de ce renvoi à l'arbitraire du juge, qui, sous l'ancienne loi,
faisait son rapport à une audience incertaine, ou de s'en
remettre au zèle du poursuivant pour obtenir cette audience,
le nouvel article 758 veut que le juge, en faisant son renvoi
à l'audience, désigne le jour où elle aura lieu et commette
en même temps l'avoué chargé de suivre l'audience, sous
la sanction , en cas de négligence, de perdre la suite de la
procédure, d'après l'article 776.

La loi n'indique point au juge le délai qu'il doit garder
entre son renvoi à l'audience et le jour qu'il fixe pour
les débats : la sagesse de ce magistrat appréciera le temps
nécessaire pour préparer la défense; mais on peut induire
de l'article 761 *infrà* que ce délai ne doit jamais être moindre de *trois jours francs*.

Les contestants et les contestés figurent nécessairement
en nom dans l'instance par leurs avoués ; il en est de même
de ceux qui ont adhéré aux contredits (1); quant aux créanciers *postérieurs*, à l'égard desquels le juge n'aura pas cru
devoir user de la faculté que lui donne l'article 758 § 2 *suprà*,
ils « sont tenus, d'après l'art. 760, dans la huitaine après les
» trente jours accordés pour contredire, de s'entendre entre
» eux sur le choix d'un avoué ; si non, ils sont représentés
» par l'avoué du dernier créancier colloqué, » qui est le plus
intéressé au résultat des contredits, et qui dès lors doit être
appelé comme gérant le mieux les intérêts de la masse.

---

1) Rodière, *Procédure civile*. t. 3. p. 219.

« L'avoué poursuivant ne peut, en cette qualité, être appelé
» dans la contestation (760)(1);» mais il est clair que, s'il est
en même temps avoué d'un contestant, ou choisi pour représenter la masse (*ut suprà*), ou enfin avoué du dernier créancier colloqué, sa qualité de poursuivant ne l'empêchera point
de figurer dans l'instance. Quant au saisi, la loi nouvelle
n'en parle pas plus que l'ancienne et nous penserions dès lors
volontiers, aujourd'hui comme autrefois, qu'il faut distinguer à cet égard et appeler le saisi au jugement des contredits lorsque l'existence même de la créance est attaquée,
tandis que cela n'est pas nécessaire quand le rang en est seul
débattu (2).

47. Les parties au procès étant ainsi déterminées, venons
au jugement par le Tribunal de première instance.

Ce n'est plus, comme autrefois, la partie *la plus diligente*,
mais *l'avoué commis*, qui, sous la sanction de l'art. 776,
doit poursuivre l'audience, « sur un simple acte contenant
» avenir pour l'audience fixée » par le juge, « conformé-
» ment à l'art. 758 »; ce qui assimile les contestations sur
contredits aux causes que l'art. 66 du règlement du 30 mars
1808 exempte du tour de rôle.

« L'affaire est jugée comme sommaire », dit l'art. 761,
qui, en cela, fait cesser une controverse soulevée sous l'ancienne loi, en résolvant cette question de tarif dans le sens
de la plus grande économie de frais ; l'importance des valeurs
et la difficulté des questions soulevées par les contredits
sont sans influence sous ce rapport ; mais il a été reconnu (3)
qu'il y avait dès lors à remanier le tarif des matières som-
maires, dans le but d'assurer aux avoués une rémunération
proportionnelle à l'importance des affaires. Il ne doit être
fait « d'autre procédure que des conclusions motivées de la

(1) C'est à tort que l'*Exposé des motifs* (p. 37) présente l'ancien article 760
comme différant sur ce point de la loi nouvelle.

(2) Rodière, *Procédure civile*, 3, 220 et 221.

(3) *Rapport*, p. 59, *Moniteur*, 15 avril 1858.

» part des contestés » (761), ce qui est une réponse au dire des contredisants.

On sait que ces derniers doivent accompagner leur contredit de la production des pièces à l'appui (758), comme les produisants, quand ils demandent collocation (754). Or, il arrivait fréquemment autrefois que, sous prétexte de nouvelles pièces à produire à l'appui ou contre le contredit, on demandait et obtenait du tribunal des remises successives de l'affaire, ce qui contribuait à faire traîner le jugement en longueur. Le nouvel article 761, pour obvier à ces abus, dispose ainsi : « S'il est produit de nouvelles pièces, toute » partie contestante ou contestée est tenue de les remettre » au greffe trois jours au moins avant cette audience ; il en » est fait mention sur le procès-verbal. Le tribunal statue sur » les pièces produites ; néanmoins, il peut, mais seulement » pour causes graves et dûment justifiées, accorder un délai » pour en produire d'autres ; le jugement, qui prononce la » remise, fixe le jour de l'audience ; il n'est ni levé, ni signi- » fié. La disposition du jugement qui accorde ou refuse un » délai n'est susceptible d'aucun recours. » Du reste, dans les cas où le tribunal juge devoir accorder un délai pour produire des pièces, « le contestant ou le contesté, qui a mis » de la négligence dans la production des pièces, peut être » condamné aux dépens, même en obtenant gain de cause » (766, § 4).

Le juge-commissaire doit faire son rapport à l'audience, tant sur les incidents que sur le fond de l'affaire (762) ; les plaidoiries ont lieu ensuite, et le ministère public est entendu (762)

Le jugement est formé et rendu selon les règles ordinaires ; il faut seulement observer que, d'après le décret-loi du 19 mars 1852, dérogeant en ce point au décret du 20 avril 1810 (art. 41), les juges suppléants, chargés spécialement des ordres ou commissaires nommés par le président, sont assimilés, en cette qualité, aux juges titulaires ; « ils » font le rapport des contestations relatives aux affaires

» pour lesquelles ils ont été commis, et prennent part au
» jugement avec voix délibérative (1), » quoique le nombre
légal des juges titulaires soit complet.

« Le jugement contiendra liquidation des frais » (701),
comme rendu en matière sommaire (543 Proc.), sans que
néanmoins l'omission de cette formalité en entraîne la
nullité.

« Le jugement sur le fond est signifié, dans les trente
» jours de sa date, à avoué seulement. »

La jurisprudence avait déjà induit de l'art. 113, qu'un
tel jugement, rendu par défaut, n'était pas susceptible d'opposition (2); notre art. 762 le dit formellement, et met fin
à toute dissidence sur ce point.

Voilà le rôle du tribunal de première instance.

48. Quelles sont les règles concernant l'appel en cette
matière ?

En premier lieu, *quand est-il recevable?* C'était une grave
question que de savoir si, pour déterminer la nature du
jugement, en premier ou en dernier ressort, il fallait s'atta-
cher à la somme distribuée, au montant des créances, ou à
la somme contestée (3). L'art. 762, § dernier, l'a décidé avec
raison dans ce dernier sens, en ne permettant l'appel « que
» si la somme contestée excède quinze cents francs, quel
» que soit d'ailleurs le montant des créances des contestants
» et des sommes à distribuer. » Par suite de cette décision,
qui règle la compétence par l'intérêt réel de la contestation,
on ne verra pas un appel, sous prétexte que la somme à
distribuer excède 1,500 francs, lorsqu'il s'agira seulement
d'un faible intérêt mis en question, de cent francs par exemple, ou sous prétexte que le montant d'une créance excède

---

(1) Décret présidentiel du 19 mars 1852, article 1.

(2) Voyez *Dictionnaire* d'Arm. Dalloz, v° Ordre, n. 366 et suivants; les
arrêts et auteurs y sont cités. — Add. Rodière, *Procédure civile*, 3, 223. —
Carré-Chauveau, *Quest.* 2582.

(3) Voyez le tableau des opinions diverses, Carré-Chauveau, *Quest.* 2591.

1,500 francs, lorsqu'on prétendra qu'elle doit seulement subir une réduction inférieure à cette somme (1).

Quelle est la somme débattue et dont la réussite du contredit doit priver le contesté, ou dont le rejet du contredit doit faire supporter la préférence aux autres créanciers ? Voilà tout ce qu'il faut examiner. En excluant toute considération prise de la somme à distribuer, l'art. 762 n'a évidemment en vue que le cas où elle excèderait 1,500 francs ; car, dans celui où elle serait inférieure à ce chiffre, il est clair que l'appel ne serait point admis, quand même l'une des créances, produites et contestées dans un pareil ordre, serait supérieure à 1,500 francs, attendu que jamais, en cet ordre, il ne pourra être question de plus de 1,500 francs. Cette solution découle, il est vrai, de ce que nous prenons à la lettre ces mots : « *somme contestée* », sans les assimiler à « *créance contestée* » ; car, si l'on devait les entendre dans ce dernier sens, l'appel serait ouvert, même dans un ordre sur une somme de moins de 1,500 francs, si l'existence même de la créance, supérieure à ce chiffre, était contestée ; mais l'art. 762 ne veut pas qu'on se préoccupe du montant des créances. C'est donc l'intérêt, *actuellement et directement engagé dans le débat*, qui est seul la mesure du premier ou du dernier ressort.

En second lieu, l'appel, quand il est recevable, doit être interjeté, comme autrefois, dans *le délai* de dix jours, à partir « de la signification du jugement à avoué », qui a dû avoir lieu (*ut suprà*) dans les trente jours de sa date (762). Ce délai doit être augmenté « d'un jour par cinq myriamè- » tres de distance (au lieu de trois dont parlait le Code de » 1807), entre le siége du tribunal et le domicile réel de » l'appelant. » Du reste, ce délai court « contre toutes les » parties, à l'égard les unes des autres » (762), même à l'égard de celle qui fait faire la signification.

En troisième lieu, *l'acte d'appel* doit contenir assignation et énoncer les griefs, comme le voulait déjà le Code de 1807, mais « *à peine de nullité* » (762), ce qu'il ne disait pas. Cet acte « est signifié au domicile de l'avoué », comme en matière de distribution par contribution (669), ce qui est encore une innovation, « et au domicile réel du saisi, s'il n'y a pas » d'avoué. »

Mais qui doit-on *intimer* sur l'appel ? D'abord on doit assigner *en nom* tous ceux qui ont ainsi figuré dans le procès de première instance et à qui le jugement profite. Quant à la masse, elle ne doit être représentée devant la Cour que lorsqu'elle y est intéressée. Cela se vérifie, par exemple, lorsqu'un contredit, portant non seulement sur le *rang* des premiers créanciers, mais sur l'*existence* ou la *quotité de leur créance* (1), a été admis et qu'il y a appel ; il faut cependant noter que les créanciers postérieurs ne sont pas plus intimés *en nom*, qu'ils n'ont ainsi figuré en première instance. C'est, dit l'article 763, « l'avoué du créancier dernier colloqué qui » peut être intimé, s'il y a lieu. »

En quatrième lieu, « l'audience est *poursuivie* et l'affaire » *instruite* conformément à l'article 761, sans autre procé » dure que des conclusions motivées de la part des intimés » en réponse aux griefs d'appel. Mais, devant la Cour, il n'y a plus de rapport à faire ; seulement elle « statue sur les » conclusions du ministère public (764), » ce que n'exigeait pas le Code de 1807. L'arrêt, rendu en matière sommaire (543 Proc.), « contient liquidation des frais ; il est » signifié dans les quinze jours de sa date, à avoué seule » ment, et (s'il a été rendu par défaut) il n'est pas suscep » tible d'opposition. »

49. Ces contestations, en première instance et en appel, donnent lieu à des frais, que la loi nouvelle a voulu diminuer, il est vrai, mais qui sont inévitables ; d'autre part, elles entraînent des longueurs, qui, quoique abrégées à

____

(1) *Rapport*, p. 62.

l'avenir, n'en laissent pas moins courir les intérêts, et grossissent ainsi les créances préférées au préjudice des dernières. Or, les articles 766 et 768, dont le premier est tout nouveau, règlent ces deux points.

50. Quant aux frais, l'article 766 pose, en principe, contre l'usage de plusieurs tribunaux de première instance, basé sur un argument *à contrario* tiré de l'ancien article 766, que « les dépens des contestations ne peuvent être pris sur » les deniers provenant de l'adjudication, » sans distinguer les dépens de première instance ou d'appel. C'est le perdant, qui selon le droit commun doit être condamné aux dépens, et si ce « créancier condamné aux dépens des con- » testations a été colloqué en rang utile, les frais mis à sa » charge devront être, par une disposition spéciale du règle- » ment d'ordre, prélevés sur le montant de sa collocation » au profit de la partie qui a obtenu sa condamnation (766, » § dernier). »

Voilà la règle ordinaire qui aura pour effet d'empêcher des contestations trop téméraires : il faut toutefois faire à son sujet quelques remarques :

1º Il y avait à régler, sous le rapport des frais, une situation qui ne ressemble pas aux contestations ordinaires que les tribunaux auront le plus souvent à juger : un créancier fait une production suffisante, et, malgré cela, sa demande en collocation a été rejetée d'office par le juge ; il contredit et sans qu'aucun autre créancier conteste, la collocation est prononcée par le tribunal : qui doit supporter les frais du contredit, de l'instance et du jugement ? Ce ne peut être le créancier réclamant, car il n'a rien à se reprocher ; ce ne peut pas être non plus le juge-commissaire, car les magistrats ne sont jamais responsables de leurs erreurs, si ce n'est dans les cas où il y aurait lieu à prise à partie. Aussi, l'article 766, paragraphe 2, dit-il qu'en cas pareil, les dépens pourront être employés « sur le prix au rang de la créance » qui a obtenu collocation. La masse a, du reste, un moyen de diminuer ces dépens, en acquiesçant au contredit dès qu'il est formé.

2º L'avoué, soit choisi amiablement, soit légalement désigné, comme étant celui du dernier colloqué (760), pour représenter la masse des « créanciers postérieurs en ordre » d'hypothèque aux collocations contestées » ne doit pas être exposé à perdre ses frais, en cas de non collocation (766, § dernier) et d'insolvabilité de la partie qui a succombé sur le contredit ; c'est pourquoi, s'il n'est point payé par cette partie, l'avoué , mandataire de la masse , doit pouvoir s'adresser à elle : aussi, l'article 766, paragraphe 3, dispose-t-il, comme l'ancien article 768, que les frais de cet avoué « peuvent être prélevés sur ce qui reste de » deniers à distribuer, déduction faite de ceux qui ont été » employés à payer les créanciers antérieurs. » Le jugement doit en contenir une disposition expresse (art. 766); mais, d'une part, la masse ne supporte ces frais qu'en sa qualité de mandant envers l'avoué , non payé par le perdant, débiteur véritable (130 Proc.), et d'autre part, la diminution, ainsi éprouvée par la somme à distribuer, retombe en définitive sur le dernier créancier colloqué ou sur le précédent propriétaire, auquel reviendrait le résidu de la distribution ; c'est pour ces motifs que l'article 766 veut que « le » jugement qui autorise l'emploi des frais, prononce la subro- » gation (contre le perdant) au profit du créancier sur lequel » les fonds manquent ou de la partie saisie. »

L'article ajoute : « l'exécutoire énoncera cette disposition et » indiquera la partie qui doit en profiter. » Cette reproduction de l'ancien article 769 est signalée par le rapport de la Commission (1) comme une inexactitude de langage, pouvant entraîner une fausse pratique, en ce que l'on pourrait penser qu'il y a lieu pour l'avoué à prendre *exécutoire* dans ce cas, quoique, en règle générale, cela ne soit nécessaire que lorsque les frais ne sont pas liquidés dans le juge-

(1) Page 64.

ment ou l'arrêt (1). L'observation du Rapport est juste, et si le Code de procédure, rédigé avant le Décret sur la taxe, a pu contenir une pareille disposition, il est certain que la loi nouvelle eût pu la retrancher : cependant, si, en fait, on avait omis d'insérer la liquidation des dépens dans le jugement, l'avoué pourrait alors utiliser la disposition critiquée, en obtenant un *exécutoire*, et, dans ce cas, le texte de la loi recevrait son application littérale.

Nous avons déjà dit, et nous rappelons ici que « le con- » testant ou le contesté, qui a mis de la négligence dans la » production des pièces, peut être condamné aux dépens, » même en obtenant gain de cause (766, § 4). »

51. Après avoir ainsi réglé ce qui regarde les frais des contestations, la loi, par son article 768, reproduction de l'ancien 770, prévoit le cas où les *intérêts* courus, pendant les contestations, en faveur de la masse, pour le capital à distribuer, n'égaleraient pas et dès lors ne compenseraient point ceux qui ont couru, pendant le même temps, au profit des créanciers colloqués ; le prix peut n'en pas produire ou ne les produire qu'à un taux inférieur à celui des créances ; or, cette différence se résout en un préjudice que devra supporter, soit le créancier sur lequel les fonds manquent, soit le vendeur ou saisi : c'est pourquoi l'article 768 accorde à ces derniers un recours pour cet objet « contre ceux qui ont succombé. » Ce recours n'a pas besoin d'être réservé par le jugement où l'arrêt, sauf à engager plus tard une action ultérieure pour utiliser ce droit (3).

52. Enfin, pour en finir avec ces contestations, nous n'aurions pas besoin de dire que le jugement rendu en dernier ressort, ou l'arrêt rendu sur l'appel, sont susceptibles,

---

(1) Décret supplémentaire du 16 février 1807, article 5.
(2) Chauveau, *Formulaire de procédure*, t. 1, p. 281 et 282.
(3) Rodière, *Procédure civile*, 3, 229.

comme tous autres, d'être déférés à la Cour de cassation :
nous n'en parlons que parce que l'article 764 dispose que
« la signification à avoué fait courir les délais du pourvoi...»

SECTION IV.

DE LA CLOTURE DE L'ORDRE.

53. La clôture de l'ordre peut avoir lieu dans deux situa-
tions différentes, soit dans le cas où l'ordre provisoire n'a
été l'objet d'aucune contestation, soit lorsque des contredits
ont été dirigés contre lui ; or, la loi contient à ce sujet des
règles, dont les unes sont *spéciales* à chacune de ces deux
hypothèses différentes et dont les autres sont *communes* à
l'une et à l'autre.

§ 1er. – *Règles spéciales à la clôture de l'ordre, en l'absence de
contestation.*

54. C'est l'article 759 dont il faut ici exposer l'économie.
« S'il ne s'élève aucune contestation, dit-il, le juge est
tenu, » sous l'obligation morale et disciplinaire des comptes
qu'il doit rendre de l'état des ordres qui lui sont confiés (749),
« de faire la clôture de l'ordre, » sans qu'il ait besoin, pas
plus aujourd'hui que sous l'ancienne loi, de recevoir aucune
réquisition à cet effet. Mais, tandis que l'ancien article 759
ne fixait au juge aucun délai dans lequel cette opération dût
avoir lieu, la loi nouvelle veut que ce soit « dans les quinze
jours qui suivent l'expiration de délai pour prendre communication et contredire ; » il va sans dire d'ailleurs que ce
délai est fixé comme *maximum* et que le juge fera toujours
mieux en faisant plus tôt ; c'est à lui, du reste, de stimuler le
zèle des avoués pour se faire remettre leurs états de frais,
indispensables pour parfaire la liquidation.
Le juge aura donc à déterminer d'abord, d'une manière
précise, la somme à distribuer, qui se composera, outre le

capital déjà connu, des intérêts à courir jusqu'au jour qui donnera date à la clôture, sans pouvoir dépasser la quinzaine ci-dessus indiquée.

Cela fait, le juge liquide les frais de poursuite d'ordre et de radiation « qui sont colloqués par préférence à toutes » autres créances ; » il liquide en outre les intérêts de chaque créance jusqu'à la même époque, ainsi que « les » frais de chaque créancier colloqué en rang utile. » En conséquence de ces opérations, le juge « ordonne la » délivrance des bordereaux de collocation aux créanciers » utilement colloqués et la radiation des inscriptions de ceux » non utilement colloqués, » et, comme ces diverses radiations auront lieu à la requête de l'adjudicataire ou acquéreur, qui devra en solder les droits au conservateur, « il est fait distraction en faveur de l'adjudicataire ou » acquéreur, sur le montant de chaque bordereau, des » frais de radiation de l'inscription, » qu'il pourra ainsi retenir en payant les porteurs des bordereaux.

§ 2. — *Règles spéciales à la clôture d'ordre en cas de contredits.*

55. Nous savons déjà que, lorsque des contredits ont eu lieu envers l'ordre provisoire, le juge commissaire a la faculté d'arrêter définitivement l'ordre pour les créances *antérieures* à celles contestées et même pour les créances *postérieures*, en réservant somme suffisante pour désintéresser les créanciers contestés (758, § 2) ; or, dans ces cas de clôture partielle, le juge procède comme dans le cas de l'art. 759 déjà vu, et ordonne la délivrance des bordereaux contre l'acquéreur, avec la radiation des inscriptions.

56. A l'égard des créances contestées, il faut nécessairement attendre le jugement définitif des contredits, et c'est alors que le juge doit procéder à la clôture (765), sans qu'on ait à l'en requérir.

L'ancien art. 767 voulait que cette clôture fût opérée

dans les quinze jours, au plus tard, après le jugement ou l'arrêt mettant fin aux contredits, et ce délai donnait lieu à quelques difficultés, à cause surtout de son point de départ (1).

L'art. 765 actuel n'accorde que *huit jours* au juge sous sa responsabilité, et c'est bien assez; ces huit jours courront, si le jugement est en dernier ressort, du jour de la signification à avoué (art. 762); si le jugement était en premier ressort, ce sera du jour de « l'expiration du délai de l'appel (762), » s'il n'en a pas été interjeté, et, en cas d'appel, du jour de la signification de l'arrêt (765) à avoué (764).

Quant aux détails de la clôture, l'art. 765 renvoie aux règles que nous a ci-dessus fournies l'art. 759, en cas de clôture sans contestations; nous rappellerons seulement que, dans l'hypothèse de ce paragraphe, le juge ne doit pas oublier de prescrire « par une disposition spéciale du règlement d'ordre (766, § dernier), » que les frais auxquels aura été condamné un créancier contestant qui est d'ailleurs alloué en rang utile, seront « prélevés sur le montant de sa collocation au profit de la partie qui a obtenu sa condamnation. »

§ 3. — *Règles communes à toute clôture d'ordre.*

57. En premier lieu, « les intérêts et arrérages des » créanciers utilement colloqués cessent, » dit l'art. 765 comme disait à peu près l'ancien art. 767; mais il rend cette disposition plus vraie et la rend moins équivoque, en ajoutant « *à l'égard de la partie saisie,* » parce qu'en effet les intérêts du créancier courront bien après la clôture, mais ce sera désormais contre l'acquéreur.

58. En second lieu, la loi nouvelle ne veut pas que les intéressés en grand nombre à connaître la clôture de l'ordre

(1) Voyez Carré-Chauveau. *Quest.* 2500.

et à en contrôler l'exactitude, soient obligés d'être «sans cesse
» au greffe pour y guetter l'apparition de l'ordonnance (1), »
c'est plutôt le rôle du poursuivant : aussi, d'après l'article 767, « dans les trois jours de l'ordonnance, l'avoué
» poursuivant la dénonce par un simple acte d'avoué à
» avoué. » Ce paragraphe de l'art. 767 ne dit pas à qui la
dénonciation doit être faite ; mais le paragraphe suivant
permet d'induire que c'est aux créanciers produisants, à
l'adjudicataire et à la partie saisie ; toutefois comme
l'acte d'avoué à avoué ne peut pas être employé, pour cette
dernière, dans le cas où elle n'a pas d'avoué constitué, la
dénonciation devra lui être faite par acte d'huissier, signifié
à son domicile réel (arg. 762 et 767, *infrà*).

Ainsi avertis, les intéressés à la clôture auront à examiner
si le juge a exactement liquidé et fixé les droits résultant
pour eux des titres produits et des jugements rendus entre
parties ; en cas d'affirmative, ils n'ont qu'à garder le silence ;
en cas contraire, la loi nouvelle leur offre une voie de recours
qui, sous le Code de 1807, faisait l'objet d'une vive controverse, et dont nous allons parler, comme d'une troisième
règle commune à toute clôture d'ordre.

59. En troisième lieu donc, l'art. 767 ouvre contre
l'ordonnance de clôture d'ordre la voie de l'*opposition*, qui
doit être portée devant le tribunal, dont le juge fait partie.

Il n'y a ici nulle question de ressort à examiner : l'opposition est recevable, quelle que soit la valeur du litige soulevé.

Il n'y a pas non plus de causes spécialement déterminées
comme ouvrant l'opposition, et c'est à dessein que la loi
garde le silence à cet égard (2) : on peut avoir à se plaindre
d'erreur ou excès de pouvoir du juge ; il peut ne s'être
pas conformé à l'ordre provisoire qu'on n'avait pas contredit ou avoir mal interprété les jugements rendus sur
les contestations.

(1) *Rapport*, p. 66.
(2) *Rapport*, p. 65.

Or, ces causes peuvent être invoquées « par un créancier, par l'adjudicataire ou la partie saisie, » à condition cependant que le motif de l'opposition ne se trouve point précisément dans l'ordre provisoire lui-même, contre lequel on ne serait plus admis à contredire par suite de forclusion (756).

Cette opposition doit être faite « à peine de nullité (ou » mieux de déchéance) dans la huitaine de la dénoncia- » tion ; » elle est formée « par un simple acte d'avoué » contenant moyens et conclusions, » en supposant que toutes parties aient avoué en cause ; dans le cas où le saisi n'en a point, il est clair que si l'art. 767 dit qu'à son égard l'opposition est formée « par exploit d'ajournement » à huit jours, » cela doit s'entendre aussi bien de celle qui est faite par une autre partie et dont elle donne ainsi connaissance au saisi, que de l'opposition formée par celui-ci, qui emploiera la forme de l'ajournement, sauf à ne le signifier qu'au domicile des avoués des autres parties.

L'opposition doit être « portée, dans la huitaine suivante, » à l'audience du tribunal, même en vacation : la cause est » instruite et jugée conformément aux art. 761, 762 et » 764, même en ce qui concerne l'appel du jugement. » Cette dernière proposition signifie que si l'appel est, selon le droit commun, la voie ordinaire de recours admise contre le jugement qui aura statué sur l'opposition, cet appel néanmoins ne sera recevable que si la somme en litige est au-dessus de 1,500 fr., selon la règle posée dans l'art. 762.

Nous pensons que, pour simplifier toutes choses, ce qui est l'esprit de la loi nouvelle, la voie de recours, dont nous venons de parler, serait ouverte même à l'adjudicataire ou au créancier qui n'aurait pas reçu de dénonciation de la clôture, ou qui même n'auraient pas été appelés à l'ordre provisoire ni provoqués au contredit, sans préjudice de l'autre voie extraordinaire que leur réserve l'art. 474, proc.

CHAPITRE III.

Des effets de l'ordre.

60. La clôture inattaquée d'un ordre a pour effet général de consommer la liquidation et l'attribution, par rang de préférence, aux divers intéressés du prix représentant l'immeuble grevé et aliéné.

Comme conséquence de cette liquidation, les droits de tout créancier non utilement colloqué, malgré sa production, sont définitivement éteints sur ce prix et contre l'adjudicataire ou l'acquéreur qui le doit.

A l'inverse, l'ordre prescrit aux créanciers utilement colloqués un titre définitif contre l'acquéreur, à concurrence du prix qu'il doit; ce titre suffit, quoi qu'il puisse arriver plus tard, pour que l'acquéreur fasse, en l'acquittant, un payement valable (1240, Cod. civ.); mais il va sans dire que ce n'est qu'après le payement qu'il sera libéré des suites de l'action hypothécaire (art. 2186, 2198, *infrà*).

Après ces aperçus sur les effets généraux de l'ordre, entrons dans quelques détails.

Nous avons dit que les créanciers *non utilement colloqués* n'ont plus aucun droit sur le prix de l'immeuble distribué : c'est pourquoi l'art. 769 pourvoit à ce que l'immeuble soit nettoyé de toutes les inscriptions le grevant de leur chef; à cet effet, et afin d'éviter que la négligence trompe les vues de la loi, notre article veut que « dans les dix jours, à
» partir de celui où l'ordonnance de clôture ne peut plus
» être attaquée, le greffier délivre un extrait de l'ordon-
» nance du juge pour être déposé par l'avoué poursuivant
» au bureau des hypothèques; le conservateur, sur la pré-
» sentation de cet extrait, fait, le plutôt possible, la radia-
» tion des inscriptions des créanciers non colloqués. » Il est sous-entendu ici que l'avoué poursuivant doit requérir lui-même l'extrait à délivrer par le greffier, car l'art. 776 le rend responsable de tout retard à ce sujet, qui ne dépendrait

pas du greffier ; quant au retard qu'il apporterait à faire faire la radiation, la sanction se trouve dans l'art. 770, § 2, disposant que « le bordereau des frais de l'avoué ne peut » être délivré que sur la remise des certificats de radiation » des inscriptions des créanciers non colloqués. Ces cer- » tificats demeurent annexés au procès-verbal. »

Il résulte de ce qui précède, que la radiation des inscriptions des créanciers non colloqués peut être opérée avant le payement des créanciers colloqués, ce qui autrefois avait fait question.

Quant aux créanciers utilement colloqués, il faut rendre leur titre exécutoire : à cet effet, dans les *mêmes dix jours*, à partir de celui où l'ordonnance de clôture ne peut plus être attaquée, « le greffier délivre à chaque créancier » colloqué un bordereau de collocation exécutoire contre » l'adjudicataire, » auquel il n'est pas nécessaire de le signifier (1) avant de pouvoir faire le commandement d'exécution. Ce nouveau titre ne constitue qu'une indication de paiement et n'opère pas novation en faveur du saisi, qui reste toujours obligé, si, sans la faute du créancier, l'adjudicataire venait à ne pas solder le bordereau et à devenir insolvable (2).

Le créancier, payé du montant de sa collocation, en donne quittance à l'adjudicataire, et, afin d'éviter la multiplication des actes, il « consent, en donnant quittance, la radiation » de son inscription. » La réunion de ces deux opérations juridiques rend nécessaire un acte notarié pour la quittance, qui, sans cela, pourrait avoir lieu sous-seing privé, sauf à consentir séparément la radiation, ce dont on ne voit l'opportunité dans aucun cas.

Si, après avoir payé tous les créanciers colloqués, il y a un résidu, l'acquéreur ou l'adjudicataire doit le verser aux mains du précédent propriétaire.

---

1) *Rapport*, p. 67.
(2) Rodière, *Proc. civ.*, p. 231. — Rauter, *Proc. civ.*, p. 374.

Sur la réquisition de l'adjudicataire, qui se libère ainsi, le conservateur radiera les inscriptions des créanciers soldés ; mais, de plus, « au fur et à mesure du payement des » collocations, le conservateur des hypothèques, sur la re-» présentation du bordereau et de la quittance du créan-» cier, décharge d'office l'inscription (1), jusqu'à concur-» rence de la somme acquittée.

» L'inscription d'office est rayée définitivement sur la jus-» tification faite par l'adjudicataire du payement de la tota-» lité de son prix, soit aux créanciers colloqués, soit à la » partie saisie. »

61. Les créanciers qui, devant être appelés à l'ordre, ne l'auraient pas été, ainsi que l'adjudicataire auquel n'auraient pas été faites les dénonciations voulues, et à qui nous avons déjà reconnu le droit de faire spontanément opposition à la clôture de l'ordre, pourront, tout étant terminé, employer contre cet ordre, selon les règles du droit commun, la voie de la tierce-opposition (2), qui sera portée devant le Tribunal où l'ordre a été fait (3); s'ils réussissent à en faire modifier les dispositions, ils pourront obtenir le remboursement des sommes que les créanciers indûment colloqués auront reçues, à moins qu'ils n'aient, de bonne foi, supprimé leurs titres (1377).

Appendice aux chapitres II et III. — Sanction des règles précédentes.

62. L'efficacité des dispositions nouvelles qui précèdent est d'abord assurée par les sévérités de la loi, que nous avons déjà indiquées, contre l'adjudicataire ou les créanciers négligents (750, 756) ; mais elle dépend surtout de l'active et intelligente coopération du juge et des avoués, dont la conscience sera toujours le moteur le plus puissant.

(1) Lisez plutôt : *L'inscription d'office.*
(2) Gilbert, *Table générale*, v° Ordre, n. 107 et suiv. — Rauter. *Proc. civ.* p. 375.
(3) Rodière. *Proc. civ.*, p. 232.

Cependant, pour stimuler le juge, la loi l'a soumis à cette obligation dont nous avons parlé ailleurs, de rendre compte, toutes les fois qu'il en est requis, au premier président, au procureur général et au tribunal lui-même, de l'état des ordres dont il est chargé (749, § 2).

Quant aux avoués, le Code de 1807 avait établi, en faveur de tout créancier, et, par voie de conséquence, en faveur de l'adjudicataire et du saisi, le droit de demander la subrogation aux poursuites, en cas de retard ou de négligence du poursuivant (779). Le Rapport de la Commission fait remarquer les causes qui enlevaient à cette sanction pénale sa plus grande portée, savoir : la nécessité d'une demande qui blessait la confraternité et autorisait des représailles dans une semblable conjoncture, et une décision judiciaire à obtenir, ce qui donnait une certaine latitude au juge pour apprécier la négligence ; aussi l'art. 776 de la loi nouvelle est-il plus simple, plus précis, et sera, nous le croyons, plus efficace (1); nous l'avons quelquefois cité, en voici le texte :

« En cas d'inobservation des formalités et délais prescrits
» par les art. 753 (2), 755, § 2 (3) et 769 (4), l'avoué pour-
» suivant est déchu de la poursuite sans sommation ni juge-
» ment. Le juge pourvoit à son remplacement d'office ou
» sur la réquisition d'une partie, par ordonnance inscrite
» sur le procès-verbal. Cette ordonnance n'est susceptible
» d'aucun recours.

» Il en est de même à l'égard de l'avoué commis qui n'a
» pas rempli les obligations à lui imposées par les arti-
» cles 758 (5) et 761 (6).

» L'avoué déchu de sa poursuite est tenu de remettre im-
» médiatement les pièces sur le récépissé de l'avoué qui le

(1) *Exposé des motifs.* p. 45.
(2) *Sommation de produire.*
(3) *Dénonciation de l'ordre provisoire.*
(4) *Extrait d'ordonnance de radiation des inscriptions non colloquées.*
(5 et 6) *Poursuite de l'audience pour juger les contredits.*

» remplace, et n'est payé de ses frais qu'après la clôture
» de l'ordre. »

Cet article doit être l'objet d'une double observation.

1º La loi a cru faire assez, pour assurer son exacte application, en attachant la sanction énergique dont nous venons de parler, à la négligence commise à l'occasion des formalités dont elle fait surtout dépendre son action accélératrice ; aussi elle les a énumérées, et « l'exercice de ce » pouvoir du juge (la subrogation d'office) est limité » à ces cas peu nombreux et à l'inobservation de « ces délais vrai- » ment nécessaires à la marche de l'ordre » (1). Toute autre négligence ou lenteur n'aura pas grande conséquence, et la surveillance du juge, avec l'aide des moyens disciplinaires ordinaires, suffira pour la vaincre.

2º « L'avoué désigné pour remplacer son confrère déchu » ne pourra évidemment refuser la mission de poursuivant ; » autrement, la disposition de l'article serait facilement para- » lysée *par la coalition des avoués du siège* » (2).

CHAPITRE IV.

De l'ordre devant le tribunal quand il y a moins de quatre créanciers inscrits.

64. Tous les détails qui précèdent se rapportent à la *procédure spéciale d'ordre*, qui a ses formes, ses délais, ses règles particulières : sommations, productions, état provisoire, contredits, jugement, clôture définitive.

Mais nous avons déjà dit (*suprà* nº 4) que cette procédure spéciale ne doit pas toujours être employée. En effet, l'article 773, dispose : «Quel que soit le mode d'aliénation, l'ordre » ne peut être provoqué, s'il y a moins de *quatre créanciers* » *inscrits.* » Nous avons fixé plus haut le sens de ces derniers mots. Dans ce cas, c'est le tribunal lui-même qui règle la distribution. L'ancien art. 775 posait la même règle

(1) *Exposé des motifs,* p. 16
(2) *Rapport* p. 72.

pour les aliénations volontaires seulement : encore n'en avait-il pas organisé l'application, et c'est ce que fait le nouvel art. 773, de la manière suivante.

On doit, avant tout, tenter *l'essai de conciliation*, organisé par l'art. 751, et qui a ici d'autant plus de chances de réussir, que le *nombre* des créanciers est moins *élevé* (1). A cet effet, « après l'expiration des délais établis par les » art. 750 (pour *l'expropriation*) et 772 (pour les *aliénations* » *volontaires*), la partie qui veut poursuivre l'ordre présente » requête au juge spécial, et, s'il n'y en a pas, au président » du tribunal, à l'effet de faire procéder au préliminaire de » règlement amiable, dans les formes et délais établis par » l'art. 751. » Il paraît bien résulter de ce texte, qu'en l'absence d'un juge spécial pour les ordres, le président n'a pas à nommer un commissaire chargé de procéder au préliminaire de conciliation, mais que c'est lui-même, en sa qualité, qui a attribution pour cela, sauf son remplacement, selon les règles ordinaires (1), s'il est empêché, au jour indiqué, de remplir ce ministère pacificateur. La conclusion de cet ordre amiable est amenée et régie d'après ce que nous avons dit plus haut.

« A défaut du règlement amiable, dit l'art. 773, la dis- » tribution du prix est réglée par le tribunal. » Dans ce but, « la partie la plus diligente », car la loi ne fixe aucun délai, ni aucune préférence pour agir, devra appeler les intéressés devant le tribunal. L'art. 773 ne désigne pas, il est vrai, les intéressés ; mais ce sont les créanciers, l'acquéreur ou adjudicataire, le vendeur ou le saisi. Le tribunal est nanti au moyen d'une « assignation signifiée à personne ou » domicile, » ce qui doit évidemment s'entendre du domicile réel et non du domicile élu (2), et encore sans distinguer s'il est ou non situé en France (3). Le délai de l'assignation

(1) *Rapport*, p. 71.
(1) Règlement du 30 mars 1808, art. 47.
(2) Article 59 Proc., compar. art. 753 de la loi actuelle.
(3) *Arg. à contr.* de 753 et 69 Proc.

doit être, d'après cela, le délai ordinaire des ajournements, avec l'augmentation à raison des distances (art. 72 et suiv.; 1033 Proc.) L'affaire est jugée « comme en matière som- » maire, dit l'article, sans autre procédure que des conclu- » sions motivées. Le jugement est signifié à avoué seule- » ment, s'il y a avoué constitué. » Dans le cas contraire, une signification à partie devient nécessaire. « En cas d'appel, » dit enfin l'art. 773, il est procédé comme aux articles 763 » et 764. »

Le rapprochement de cet article, dans sa partie finale, avec ceux qui règlent le jugement des contredits et avec l'art. 767, sur l'opposition à l'ordonnance de clôture, nous montre qu'on a omis de citer à dessein l'art. 762, parmi ceux auxquels renvoie le législateur, au sujet du règlement de l'ordre par le tribunal, en sorte qu'il nous paraît bien difficile d'appliquer au jugement, qui contient ici l'ordre lui-même, les règles que cet art. 762 a établies pour le jugement rendu sur contredits. Il résulte de là que ces procédures diverses présentent des différences qui ne se justifient pas toutes également. Ainsi, qu'il ne soit pas question de rapport de juge-commissaire, c'est bien, puisqu'il n'y en a pas; mais pourquoi les conclusions du ministère public, *exigées en appel*, ne le sont-elles pas en *première instance?* L'admission de l'opposition contre les jugements par défaut s'ex-plique par l'absence des avertissements et mises en demeure, sous peine de forclusion, qui ne sont pas applicables ici, et par l'absence d'un travail préparatoire du juge, soumis à la contestation des intéressés ; mais le délai de *trois mois* pour appeler, à dater de la signification à avoué ou à partie (773), est vraiment bien long, comparé aux dix jours de l'art. 762, et les motifs d'appliquer le droit commun pou-vaient paraître moins urgents ici que pour l'admission de l'opposition aux jugements par défaut, qui n'est pas d'ail-leurs reçue contre les arrêts par défaut (773 et 764). Tou-tefois, l'absence de renvoi par l'art. 773 à l'art. 762 ne nous empêchera point d'appliquer la règle formulée par le dernier paragraphe de cet article, quant à la fixation du taux du premier et du dernier ressort. L'appel ne devra être admis que si, d'après les conclusions respectives des parties contendantes, la somme contestée est au-dessus de quinze cents francs. Ce n'est point *par application de l'art.* 762 que nous posons cette règle, mais par une déduction *rationnelle* des principes généraux en cette matière, déjà suffisants, avant la loi nouvelle, pour décider en ce sens cette question de ressort, et que l'article 762 fortifie de son analogie.

Le législateur a voulu, cela est certain, abréger le règlement des ordres auxquels un très petit nombre de créanciers doivent prendre part ; mais il se peut que son but ne soit pas complètement atteint, faute d'avoir complètement organisé cette procédure.

CHAPITRE V.

Diverses règles de détail qui ne rentraient pas directement dans l'un des chapitres précédents.

65. Nous dirons ici successivement quelques mots des cinq points suivants : 1º des droits que peuvent exercer dans l'ordre les créanciers personnels d'un créancier hypothécaire ; 2º de la consignation permise à l'acquéreur ; 3º des suites de la folle enchère sur l'ordre clôturé ou non ; 4º de la simultanéité et de la jonction des ordres ; 5º enfin, des modifications subies par l'art. 692, relativement à l'action résolutoire du vendeur.

SECTION PREMIÈRE.

DES DROITS QUE PEUVENT EXERCER DANS L'ORDRE LES CRÉANCIERS PERSONNELS D'UN CRÉANCIER HYPOTHÉCAIRE.

66. L'article 775 est la reproduction presque littérale de l'ancien article 778.

Cet article est l'une des applications du principe posé par l'art. 1166 du Code Napoléon. Comme conservation des droits du créancier, ses propres créanciers sont admis « à » prendre inscription pour lui » (775), et, par conséquent, à la renouveler (1). Par suite de la même idée, ces créanciers doivent avoir les moyens de s'assurer, comme partie de leur gage (2092), les sommes auxquelles leur débiteur peut prétendre. Dans ce but, l'ancienne jurisprudence avait, surtout dans les pays coutumiers, permis aux *sous-créanciers* d'intervenir à l'ordre ouvert sur le prix de l'immeuble saisi, afin de se faire colloquer *au lieu et place du premier créancier,* dans les limites de leurs créances personnelles, et, s'ils avaient hypothèque sur la première hypothèque, leur collocation devait avoir lieu selon *leur rang d'hypothèque.* C'était ce qu'on appelait le *sous-ordre,* dont parle Pothier, sur le titre XXI de la coutume d'Orléans, § 17, numéros 141 à 143 (2).

Le langage est resté le même de nos jours : on dit que les sous-créanciers peuvent demander *leur collocation en sous-ordre ;* mais la chose est bien différente ; au lieu d'être classés sur la somme hypothécaire revenant à leur débiteur selon leur rang d'hypothèque, ils ne le sont qu'au marc le franc ; c'est ce que signifie notre art. 775, en disant : « Le » montant de la collocation du débiteur est distribué, *comme* » *chose mobilière*, entre tous les créanciers » qui, avant la clôture de l'ordre, ont pris inscription pour leur débiteur, ou ont signifié une opposition soit au greffier pour la délivrance des bordereaux, soit à l'acquéreur pour le payement de ces bordereaux. Les priviléges généraux sur les meubles conservent seuls leur préférence.

Du reste, la généralité d'expressions de l'art. 775 « tout créancier » indique bien que la faculté qu'il reconnaît est indépendante de la nature et de la forme du titre de ce

_____

(1) Rodière. *Proc. civ.* 3-235.
(2) Voy. Valette. *Traité des priviléges et des hypothèques.* p. 207 et suiv.

créancier, dont la seule qualité suffit pour qu'il puisse former une demande en sous-ordre.

Il ne nous paraît pas que le juge puisse faire la *distribution mobilière* entre ces ayants droits, comme appendice à cette partie de l'ordre ; les oppositions faites ou les inscriptions prises ne confèrent pas en effet un droit acquis aux opposants, et il peut survenir d'autres créanciers tant que l'on n'a pas rempli les préliminaires ordinaires d'une distribution par contribution ; le juge se bornera donc, en colloquant le créancier-débiteur, à ordonner à l'adjudicataire ou acquéreur d'opérer la consignation exigée par l'article 4 de l'ordonnance du 3 juillet 1816, et puis la distribution aura lieu selon les formes ordinaires.

SECTION II.

DE LA CONSIGNATION QUE L'ACQUÉREUR PEUT FAIRE DU PRIX DE SON ACQUISITION.

67. Ceci est encore une des améliorations notables de la loi nouvelle ; avant elle, on ne contestait pas sans doute à l'acquéreur, qui ne voulait pas attendre la conclusion de l'ordre, le droit de consigner son prix, comme le lui reconnaît formellement l'article 2186, s'il ne s'était pas interdit cette faculté dans l'acte d'acquisition ; mais l'exercice en était indécis dans la forme. Il en était de même pour l'adjudicataire sur saisie immobilière, auquel la consignation avait été laissée facultative par le cahier des charges ou à qui elle avait même été imposée par cet acte (art. 2, n° 10 Ord. du 3 juillet 1816). Or, les articles 777 et 778 ont pour but de régler ces détails : en voici l'économie.

Les §§ 1 et 5 de l'article 777 consacrent formellement pour l'adjudicataire sur expropriation forcée ou pour l'acquéreur sur aliénation volontaire la faculté de consigner « son prix et les intérêts échus, » afin d'obtenir « avant la » clôture de l'ordre, la libération définitive de tous priviléges » et hypothèques et la radiation des inscriptions. »

Le créancier du prix, vendeur ou saisi, ne *pouvant* le toucher à cause de ces charges hypothécaires, la consignation dont il s'agit doit avoir lieu « sans offres réelles préalables, » rendues inutiles, puisqu'elles ne peuvent pas être acceptées.

Toutefois, il fallait ici concilier la nécessité de faire valider la consignation pour libérer le débiteur du prix, avec celle de ne pas retarder, sous ce prétexte, l'ouverture et la marche de l'ordre.

Or, deux cas peuvent se présenter : l'ordre *n'est pas encore ouvert*, ou bien, *il l'est déjà*.

Premier cas. — *L'ordre n'est pas ouvert.*

En cas d'expropriation forcée, l'adjudicataire, doit : 1° consigner à la caisse des dépôts et consignations; 2° requérir l'ouverture de l'ordre « après l'expiration du » délai fixé par l'art. 750 », c'est-à-dire de la huitaine qui suit la transcription du jugement ; 3° déposer à l'appui de sa réquisition le récépissé de la caisse, et 4° faire valider sa consignation. A cet effet, tous les créanciers et le saisi sont collectivement avertis sans notification individuelle (1), par une déclaration, sur le procès-verbal de réquisition d'ouverture et dans laquelle il fait connaître son intention « de faire » prononcer la validité de la consignation et la radiation des » inscriptions. » Avant d'aller plus loin et pour que l'ordre marche, les créanciers doivent être sommés de produire dans les quarante jours, suivant les règles indiquées plus haut (n° 32); cela fait, et « dans les huit jours qui suivent l'expiration de ce délai pour produire fixé par l'article 754, l'adjudicataire fait sommation » à la partie saisie seule et non aux créanciers (2), par acte d'avoué à avoué et par exploit si elle n'a pas d'avoué constitué, de prendre communication de sa déclaration, et de la contester dans les quinze jours, s'il y a lieu, » comme si elle était insuffisante ou bien si elle violait la prohibition contenue à ce sujet dans

---

(1) *Exposé des motifs.* p. 51.
2° *Rapport.* p. 77.

le cahier des charges qu'a accepté l'adjudicataire. Ce con-
trôle de la consignation, qui n'est provoqué que vis-à-vis
du saisi, pourra d'ailleurs être exercé spontanément par les
créanciers qui interviendront dans la poursuite (1). A
défaut de contestation dans la quinzaine, «le juge, par ordon-
» nance sur le procès-verbal, déclare la consignation valable
» et prononce la radiation de toutes les inscriptions exis-
» tantes, avec maintien de leur effet sur le prix. En cas de
» contestation, il est statué par le tribunal sans retard, des
» opérations de l'ordre (777, § § 2 et 3). »

En cas d'aliénation autre que celle sur expropriation
forcée, l'acquéreur, qui veut consigner, «après avoir rempli
» les formalités de la purge », agit ainsi : «1º il somme le
» vendeur de lui rapporter, dans la quinzaine, main levée
» des inscriptions existantes et lui fait connaître le montant
» des sommes en capital et intérêts qu'il se propose de
» consigner ; 2º ce délai expiré, la consignation est réalisée,
» et, dans les trois jours suivants, l'acquéreur ou l'adjudi-
» cataire requiert l'ouverture de l'ordre, en déposant le
» récépissé de la caisse des consignations. Il est procédé
« sur sa réquisition, conformément aux dispositions ci-des-
» sus, » pour le cas d'expropriation (777, § 5).

Second cas. — L'ordre est déjà ouvert.

L'adjudicataire ou l'acquéreur consigne ; « après la con-
» signation, il fait sa déclaration sur le procès-verbal par
» un dire signé de son avoué, en y joignant le récépissé de
» la caisse des consignations ; il est procédé comme il est
» dit ci-dessus, après l'échéance du délai des productions
» (777, § 4). »

« Toute contestation relative à la consignation du prix
» est formée sur le procès-verbal par un dire motivé, à
» peine de nullité ; le juge renvoie les contestants devant le
» tribunal (778). »

« L'audience est poursuivie sur un simple acte d'avoué à
» avoué, sans autre procédure que des conclusions motivées,»

» en réponse au dire des contestants; il est procédé, porte
» l'art. 778, ainsi qu'il est dit aux articles 761, 763 et 764. »
L'affaire est donc jugée comme sommaire, en première instance et en appel; mais, en ne renvoyant pas aussi à l'art. 762,
l'article 778 établit, comme ci-dessus, pour l'ordre devant
le tribunal, des différences saillantes entre la procédure sur
les contestations relatives à la consignation et le surplus de
la procédure sur contredits, différences dont quelques-unes
sont difficiles à expliquer. Ainsi, quoique ce soit, dans les
deux cas, sur renvoi du juge que le tribunal est saisi (758, 778),
le rapport de ce magistrat n'est pas requis en matière de
consignation ; le ministère public doit être entendu sur les
contredits, en première instance et en appel (762 et 764),
tandis qu'il ne le sera qu'en appel sur la consignation. La
non applicabilité de l'article 762 fera que les jugements
rendus ici par défaut seront, selon le droit commun, susceptibles d'opposition et cela se conçoit à la rigueur; mais,
selon l'article 764 formellement applicable, les arrêts par
défaut seront inattaquables ; pourquoi ces discordances?
Le délai de l'appel sera, encore selon le droit commun, de
trois mois, et il ne courra que de la signification du jugement
à personne ou domicile ; ceci ne cadre guère avec l'intention
de libérer plus vite l'acquéreur, qui ne veut pas attendre
l'ordre, et cependant l'omission du renvoi à l'article 762,
est visiblement intentionnelle, puisque l'article 773 la reproduit, à la différence de l'article 767. Quant à la question de
recevabilité de l'appel, eu égard au chiffre du premier ou
dernier ressort, nous ferons comme ci-dessus, c'est-à-dire,
que nous la résoudrons, de même que l'article 762, sans
appliquer cependant sa disposition, puisque l'article 778 n'y
renvoie pas ; nous ne nous inspirons que des motifs rationnels
qui, même sous le code de 1807, avaient fait penser à certains auteurs que c'était le chiffre de la somme en litige qui
devait seul fixer la valeur du procès : selon qu'elle sera
entre le consignataire et les contestants supérieure ou non à
quinze cents francs, l'appel sera ou non recevable.

« Le prélèvement des frais (entraînés par les débats sur
» la consignation), peut être prononcé en faveur de l'adju-
» dicataire ou acquéreur (778). »

Une fois la consignation validée, l'acquéreur est libéré ;
il fait procéder à la radiation des inscriptions, et, désormais
les bordereaux seront délivrés « contre la caisse des consignations (770, § 1), » comme c'est contre elle seule que courront les intérêts et non plus contre l'acquéreur.

SECTION III.

DES SUITES DE LA FOLLE-ENCHÈRE SUR L'ORDRE CLOTURÉ OU NON.

68. L'acquéreur aux enchères publiques, qui ne remplit
pas les conditions de son adjudication, ne manque pas
seulement à sa promesse, mais il trompe la foi qu'on avait
eue dans sa solvabilité, impossible à vérifier, tandis qu'elle
peut l'être dans les ventes amiables, et il porte aux intéressés un préjudice d'autant plus fâcheux que, s'il n'eût
pas enchéri, un autre plus solvable que lui aurait pu faire
l'acquisition : c'est pourquoi cet adjudicataire est qualifié
de *fol enchérisseur*.

Pour le punir de sa témérité, la loi dépouille le fol
enchérisseur des droits qu'il a acquis sur l'immeuble et du
bénéfice que son adjudication pouvait lui procurer, en
disposant que, « faute par l'adjudicataire d'exécuter les
» clauses de l'adjudication, l'immeuble sera revendu à sa
» folle enchère (733, pr.) » et en déclarant que « le fol
» enchérisseur est tenu, par corps, de la différence entre
» son prix et celui de la revente sur folle enchère, sans
» pouvoir réclamer l'excédant, s'il y en a (740, pr.). »
Du reste, ce prix de l'adjudication sur folle enchère est
censé représenter définitivement la valeur de l'immeuble,
et une jurisprudence constante (1), à laquelle la loi nouvelle

(1) V. Cass. 24 mars, 4 août 1851 ; Sir. 51-1-434.

n'a pas voulu déroger très sciemment (1), refuse toute surenchère après cette adjudication.

Cela posé, le manquement de l'adjudicataire à ses obligations peut se produire, soit avant l'ouverture de l'ordre, comme s'il ne fait pas, dans les vingt jours de l'adjudication, les justifications dont parle l'art. 713, ou s'il ne fait pas transcrire le jugement d'adjudication dans les quarante-cinq jours de sa date (nouv. 750, Proc.), soit « dans le cours de » l'ordre, » ainsi que le dit le nouvel art. 779, comme s'il tombe en déconfiture, soit enfin « après le règlement défi- » nitif et la délivrance des bordereaux (779), » s'il n'en acquitte pas le montant.

Dans les cas de folle enchère encourue avant l'ouverture de l'ordre, on comprend qu'il n'y a rien de spécial à régler : il sera ouvert sur le nouveau prix, au lieu de l'être sur l'ancien, sauf à colloquer plus de créanciers sur celui-là que sur celui-ci, s'il présente un excédant, que l'art. 740 affecte aux créanciers et au saisi plutôt qu'au fol enché- risseur ; en cas de différence, on sait que la seule ressource des créanciers contre le fol enchérisseur est la contrainte par corps, qui devient le plus souvent inefficace par l'insol- vabilité du débiteur (2).

Si l'ordre est entamé, ou ce qui sera plus fréquent, s'il est clôturé, quand la revente sur la folle enchère est devenue nécessaire, l'art. 779, complétant en cela le Code de 1807, dispose qu'elle « ne donne pas lieu à une nouvelle procédure.»

Cela signifie probablement que la poursuite en folle enchère ne rend pas nécessaire, si elle survient dans le cours de l'ordre, de renouveler les formalités déjà accomplies néanmoins, il faudra bien que la marche de l'ordre subisse une suspension forcée, et que plusieurs des délais que nous avons indiqués ne courent point, tant que le nouvel adjudicataire n'aura pas fait transcrire son

---

(1). *Rapport de la commission,* p. 77.
(2) Articles 7 et 27 de la loi du 17 avril 1832.

jugement (L. 23 mars 1855, art. 1 et nouv. 750 Proc.). A part cela, l'ordre pourra marcher, sauf au juge, s'il avait déjà dressé l'état de collocation provisoire, à le modifier, s'il y a lieu, à suite de la folle enchère.

Mais c'est surtout quand l'ordre sera clôturé, que ces modifications devront avoir lieu « suivant les résultats de » l'adjudication ; » le juge colloquera, comme ci-dessus, plus de créanciers que sur le premier prix, si le second présente un excédant, dont la supériorité sur les dettes profitera même au saisi plutôt qu'au fol enchérisseur ; en cas de différence, il y aura des créanciers, d'abord utilement colloqués, qui ne le seront plus, dont les inscriptions devront être radiées, suivant les art. 769 et 770, et qui se trouveront encore réduits au recours par corps, si souvent illusoire, contre l'ancien adjudicataire.

Dans tous les cas, les bordereaux sont délivrés contre le nouvel adjudicataire ou rendus exécutoires contre lui, s'ils ont déjà été délivrés aux créanciers colloqués (779).

69. La peine de la folle enchère et ses suites sont applicables, non seulement à la vente par expropriation (733, pr.), mais à toute vente faite d'autorité de justice, comme vente à suite de surenchère sur aliénation volontaire (838), vente de biens de mineurs, même devant notaires (764, proc.) ou de biens d'un failli (572, C.), vente par licitation forcée ou volontaire (972, 964, proc.), vente d'immeubles d'une succession bénéficiaire ou vacante (988 et 1001, proc.), vente d'immeubles dotaux (997, proc.). Les motifs généraux sont les mêmes. Quant aux ventes amiables, il en est tout autrement, et si l'application d'une procédure analogue à la folle enchère pourrait quelquefois avoir des avantages, comme le pensait la Commission du Corps législatif (1), nous estimons que le Conseil d'Etat a sagement fait en n'introduisant pas cette forme de résolution, à bref délai et

____

(1) *Rapport*, p. 78.

de rigueur, dans le domaine des conventions privées, pour
lesquelles le droit commun fournit l'action ordinaire en
résolution pour défaut de paiement du prix, avec ses tem-
péraments et les voies communes d'exécution forcée.

SECTION IV.

DE LA SIMULTANÉITÉ ET DE LA JONCTION DES ORDRES.

70. « Il peut arriver que plusieurs acquéreurs de lots,
» soumis aux mêmes hypothèques, ne purgent pas *en même*
» *temps*, et qu'ainsi l'ordre ne puisse être ouvert simulta-
» nément. Le premier acquéreur purge et l'ordre s'ouvre ;
» si le deuxième acquéreur ne purge pas assez tôt pour que
» le deuxième ordre s'entame avant la conclusion du pre-
» mier, il y aura deux ordres successifs ; ce sera l'incon-
» vénient d'une célérité si avantageuse en général ; mais
» si le deuxième ordre s'ouvre avant que le premier soit
» terminé ou très avancé, la jonction sera chose utile et
» économique. Qui la prononcera (1) ? »

La loi n'en dit rien, quoique le législateur ait été mis
en demeure de s'expliquer ; nous ne pouvons en conclure
qu'il ait voulu interdire une mesure si sage, quand elle est
possible, par suite de l'ouverture des deux ordres devant
le tribunal d'un même arrondissement et que les droits
légitimes de personne ne doivent en souffrir ; il a semblé
qu'on pouvait en cela s'en remettre à la pratique : ainsi, le
poursuivant fait sur le procès-verbal un dire tendant à la
jonction ; s'il n'y a d'opposition de la part de personne, le
juge-commissaire prononce la jonction et procède à la
double distribution ; mais, en cas de réclamation , ce ne
sera ni le juge, ni le président, mais le tribunal seul qui
pourra prononcer sur la jonction, parce que, s'il est des cas
où il y a *grand intérêt* pour tel créancier, *sans préjudice*

____

(1) *Rapport*, p. 55.

injuste pour les autres, à ce que cette jonction soit prononcée, il y a aussi des circonstances où la justice veut que les ordres soient séparément traités : c'est surtout en matière de concours des créanciers à hypothèque générale avec des créanciers à hypothèques spéciales que cette question de jonction a beaucoup d'intérêt, afin que l'on puisse concilier le principe de l'indivisibilité de l'hypothèque générale avec ce que l'équité prescrit en faveur des hypothèques spéciales, sans faire tort à la première.

SECTION V.

MODIFICATION DE L'ART. 692 PROC. , EN CE QUI TOUCHE L'ACTION RÉSOLUTOIRE DU VENDEUR.

71. On sait que le vendeur d'un immeuble a deux droits pour conjurer les suites du défaut de payement du prix par l'acquéreur, savoir, l'action en payement, avec privilége à l'encontre des créanciers de l'acquéreur, si celui-ci revend ou s'il est exproprié, et, de plus, l'action en résolution du contrat, soit en vertu de la condition résolutoire tacite (1184 et 1654, Cod. Nap.), soit en vertu de la clause spéciale, qu'on appelle *pacte commissoire.*

Or, avant que l'art. 717 du Code de procédure fût modifié en 1841 et que la loi du 23 mars 1855 eût été portée, l'action résolutoire du vendeur était l'un des plus grands obstacles au crédit foncier, en ce que, malgré toute clôture d'ordre, le vendeur, qui n'y avait pas été colloqué par un motif quelconque et qui n'était pas autrement payé de son prix, pouvait reprendre son immeuble en quelques mains qu'il eût passé et sans égard aux charges réelles dont il pouvait avoir été grevé, tant que la prescription n'était pas accomplie. Le danger de cette action résolutoire était d'autant plus grand qu'elle n'était soumise à aucune condition de publicité et qu'il était souvent très difficile de savoir si tous les vendeurs successifs d'un objet avaient été désintéressés.

Mais cet état de choses a été changé par les lois ci-dessus indiquées : nous avons exposé ailleurs (1) en détail ces modifications, et nous n'avons ici à dire un mot que sur l'une d'elles, à l'occasion de l'art. 692, complété, sous ce rapport, par la loi du 21 mai 1858.

L'art. 717, modifié en 1841, a voulu mettre l'adjudicataire sur expropriation forcée à l'abri de l'action en résolution des précédents propriétaires, et à cet effet, il dispose : « l'adjudicataire ne pourra être troublé dans sa propriété » par aucune demande en résolution, fondée sur le défaut » de paiement du prix des anciennes aliénations, à moins » qu'avant l'adjudication, la demande n'eût été notifiée » au greffe du tribunal où se poursuit la vente. » En prononçant cette déchéance, le législateur avait voulu cependant que le vendeur fût bien prévenu du danger qui le menaçait et des moyens qu'il pouvait employer pour y échapper ; aussi, l'art. 692 voulait-il que le poursuivant, en faisant la sommation qui suit le dépôt du cahier des charges, avertît le vendeur, qu'à défaut de former sa demande et de la notifier au greffe avant l'adjudication, il serait définitivement déchu, à l'égard de l'adjudicataire, du droit de la faire prononcer.

Le législateur de 1858 a voulu montrer encore pour le vendeur une plus grande sollicitude : la sommation doit, d'après l'art. 692, être adressée *aux domiciles élus dans les inscriptions*. Comment l'accomplir le plus souvent envers le vendeur, tant que son droit n'a reçu de publicité que par la transcription et par l'inscription d'office, dans laquelle le conservateur n'est pas tenu et ne peut guère insérer spontanément une élection de domicile pour le vendeur? Le nouvel art. 692 résout la difficulté : « La sommation à ce » créancier sera faite, à défaut de domicile élu par lui, à » son domicile réel, pourvu qu'il soit fixé en France. » Mais, s'il est hors du continent, le vendeur doit se repro-

---

1 Exposé sur la loi du 25 mars 1855, p. 52 et suiv.

cher de n'avoir pas choisi un mandataire à qui l'on pût s'adresser en son absence (Voy. aussi art. 753. *in fine*.)

Avec cette précaution, le vendeur sera le plus souvent suffisamment prévenu, et, une fois l'adjudication opérée, s'il n'est pas colloqué sur ce prix, il ne pourra se plaindre d'avoir aussi perdu son action résolutoire, puisqu'il n'a pas observé très sciemment les conditions imposées par l'art. 717.

Toutefois, il pourra bien se faire que le poursuivant ignore le lieu du domicile *réel* du vendeur, *même fixé en France*, comme dit l'art. 692. Que faire alors ? On pourrait croire, au premier aperçu, que la loi exige ici un avertissement *personnel*, donné au vendeur, et que tant qu'il ne l'a pas reçu, parce qu'on n'a pas su où le trouver, la déchéance ne court pas contre lui ; cependant nous n'allons pas jusque-là; l'art. 692 n'oppose le domicile *réel* qu'au domicile *élu;* mais quant à la manière de remplir la formalité adressée à ce domicile réel, il nous semble que le droit commun (art. 69, § 8) est applicable, et qu'il suffira, quand on ignorera même la résidence du vendeur, de signifier la sommation au procureur impérial, avec affiche à la porte de l'auditoire du tribunal (1).

CONCLUSION.

72. Après les détails qui précèdent, et qui ne renferment que l'ébauche d'une explication complète de la loi du 21 mai 1858, nous résumerons en quelques lignes les principaux traits qui caractérisent cette refonte du titre *de l'Ordre.*

Le but général du législateur étant de délivrer la propriété foncière des embarras que la lenteur et les frais des ordres judiciaires, par procédure spéciale, apportaient à son crédit, il a d'abord favorisé tout ce qui pouvait en diminuer le nombre ; c'est pourquoi il a étendu aux expropriations la prohibition d'ouvrir un ordre quand il y a moins de quatre créanciers ; il a rendu facile à l'acquéreur, justement im-

(1) Voy. Duverg. *Collect. des Lois*, 1858, p. 142.

patient, le moyen de se libérer par la consignation, sans attendre la fin de l'ordre, et il a surtout voulu que l'on fît devant le juge une tentative de conciliation tendant à échapper à toute l'involution de la procédure spéciale.

Pour empêcher que l'ouverture des ordres, quand ils sont indispensables, ne fût retardée, la loi nouvelle presse l'adjudicataire de faire transcrire son jugement d'adjudication, et le dispense de faire procéder à la purge des hypothèques légales des incapables non inscrites. Les créanciers favorisés de cette espèce d'hypothèques sont désormais liés à la poursuite en expropriation, et perdent leur droit de suite par l'adjudication ; mais les avertissements leur sont prodigués à cet égard, et le procureur impérial, toujours informé spécialement, est tenu de prendre inscription pour eux ; sans ces précautions, la purge n'aurait pas lieu. La loi nouvelle conserve encore, il est vrai, à ces créanciers, le droit de préférence, quand même ils n'ont pas pris inscription, mais ils ne peuvent le faire valoir que dans des limites sagement restreintes et qui concilient tous les intérêts.

L'ordre ouvert devait surtout ne pas languir ensuite : à cet effet, un juge spécial peut être exclusivement chargé de cette partie importante du service judiciaire, et la déchéance des poursuites peut être prononcée d'office contre un avoué négligent. Les productions des créanciers seront provoquées sûrement par un huissier commis ; le délai pour les opérer sera sans doute un peu plus étendu que sous le Code de 1807, mais la forclusion qui frappe les retardataires est une juste compensation. L'ordre provisoire et le jugement des contredits ne seront plus retardés : le juge fixe le jour de l'audience ; un avoué est commis pour la poursuivre ; l'affaire est jugée comme en matière sommaire ; les productions de pièces sont hâtées par de puissants moyens ; le jugement est signifié dans un délai précis et n'est pas susceptible d'opposition. Quant à l'appel, la question de recevabilité est tranchée le plus simplement par un texte précis ; et, enfin, les frais des contestations ne sont pas, en principe, supportés par la masse. La clôture de l'ordre ne peut être indéfiniment ajournée ; elle pourra même, en cas de contredits, être faite partiellement en faveur non seulement des créanciers antérieurs, mais encore des créanciers postérieurs aux contestants. La clôture définitive est dénoncée aux intéressés et susceptible d'une opposition devant le tribunal, où elle sera instruite et jugée rapidement. Enfin, l'ordre étant terminé, on n'a pas à craindre qu'une folle enchère oblige à le recommencer ; il peut tout au plus y avoir lieu à quelques modifications.

Tels sont les principaux changements introduits par la loi du 21 mai 1858. Puissent-ils répondre aux vœux du législateur, des propriétaires fonciers et des capitalistes !

DISPOSITIONS TRANSITOIRES.

73. La loi du 21 mai 1858 prononçant « des déchéances » auxquelles ne pouvaient pas s'attendre ceux qui ont » commencé l'ordre sur la foi des tolérances de la loi ancienne (1)», l'art. 4 dispose que « les ordres ouverts avant » la promulgation de la présente loi seront régis par les » dispositions des lois antérieures. »

« Il est néanmoins, dit le Rapport de la commission (2), » dans la loi nouvelle, des dispositions purement interpréta- » tives de l'ancienne, telles que celles sur la voie de recours » contre l'ordonnance de clôture , sur la faculté d'appel » contre le jugement après contredits, telles que l'art. 779. » Votre commission avait ajouté que ces dispositions s'ap- » pliqueraient aux ordres antérieurement ouverts ; le Con- » seil d'État a sans doute regardé cette explication comme » superflue. Il nous paraît également raisonnable que les » art. 777 et 778 s'appliquent aux consignations dont la vali- » dité ne serait pas encore demandée, lors de la promulga- » tion de la loi. »

(1) *Rapport*, page 79.
(2) *Loc. cit.*

Quant aux saisies immobilières, l'art. 4 de la loi nouvelle continue en ces termes : « L'art. 692, tel qu'il est modifié » par la présente loi, sera appliqué aux poursuites de saisie » immobilière commencées lors de sa promulgation, dans » lesquelles l'art. 692 de la loi précédente n'aura pas encore » été mis à exécution »

Le texte, on le voit, ne s'est expliqué que pour l'art. 692; mais « parité de motifs existe pour l'art. 696 » (1), relatif à l'insertion dans les journaux d'annonces judiciaires, et si elle n'avait pas eu lieu lors de la promulgation de la loi nouvelle, c'est d'après la modification de l'art. 696 qu'on aura dû la rédiger.

(1) *Rapport*. p. 80.

LOI

Contenant des modifications au code de procédure civile.

Du 21 mai 1858.

NAPOLÉON, par la grâce de Dieu et la volonté nationale, Empereur des Français, à tous présents et à venir salut.

Avons sanctionné et sanctionnons, promulgué et promulguons ce qui suit :

Extrait du procès-verbal du Corps législatif (1).

Le Corps législatif a adopté le projet de loi dont la teneur suit :

Art. 1er. Les art. 692, 696 et 717, C. P. C., sont modifiés ainsi qu'il suit :

Art. 692. *Pareille sommation sera faite, dans le même délai de huitaine* (2), outre un jour par cinq myriamètres :

1° Aux créanciers inscrits sur les biens saisis, aux domiciles élus dans les inscriptions. Si, parmi les créanciers inscrits, se trouve le vendeur de l'immeuble saisi, la sommation à ce créancier sera faite, à défaut de domicile élu par lui, à son domicile réel, pourvu qu'il soit fixé en France. *Elle portera qu'à défaut de former sa demande en résolution et de la notifier au greffe avant l'adjudication, il sera définitivement déchu, à l'égard de l'adjudicataire, du droit de la faire prononcer ;*

2° A la femme du saisi, aux femmes des précédents propriétaires, au subrogé tuteur des mineurs ou interdits, ou aux mineurs devenus majeurs , si, dans l'un ou l'autre cas, les mariage et tutelle sont connus du poursuivant d'après son titre. Cette sommation contiendra, en outre, l'avertissement que, pour conserver les hypothèques légales sur l'immeuble exproprié, il sera nécessaire de les faire inscrire avant la transcription du jugement d'adjudication.

Copie en sera notifiée au procureur impérial de l'arrondissement où les biens sont situés, lequel sera tenu de requérir l'inscription des hypothèques légales existant du chef du saisi seulement sur les biens compris dans la saisie.

Art. 696. *Quarante jours au plus tôt et vingt jours au plus tard avant l'adjudication, l'avoué du poursuivant fera insérer, dans un journal publié dans le département où sont situés les biens, un extrait signé de lui et contenant :*

1° La date de sa saisie et de sa transcription ;

2° Les noms, professions, demeure du saisi, du saisissant et de l'avoué de ce dernier ;

3° La désignation des immeubles , telle qu'elle a été insérée dans le procès-verbal ;

---

(1) Exposé des motifs (*Mon.* du 31 janvier 1858); — Rapport de M. Riché (*Mon.* dn 31 juin).

(2) Nous reproduisons en *italiques* tous les textes du Code de procédure civile qui lui ont été empruntés par la loi nouvelle.

4° La mise à prix ;

5° L'indication du tribunal où la saisie se poursuit, et des jour, lieu et heure de l'adjudication.

Il sera, en outre, déclaré dans l'extrait que tous ceux du chef desquels il pourrait être pris inscription pour raison d'hypothèques légales devront requérir cette inscription avant la transcription du jugement d'adjudication.

Toutes les annonces judiciaires relatives à la même saisie seront insérées dans le même journal.

Art. 717. L'adjudication ne transmet à l'adjudicataire d'autres droits à la propriété que ceux appartenant au saisi.

Néanmoins, l'adjudicataire ne pourra être troublé dans sa propriété par aucune demande en résolution fondée sur le défaut de paiement du prix des anciennes aliénations, à moins qu'avant l'adjudication la demande n'ait été notifiée au greffe du tribunal où se poursuit la vente.

Si la demande a été notifiée en temps utile, il sera sursis à l'adjudication, et le tribunal, sur la réclamation du poursuivant ou de tout créancier inscrit, fixera le délai dans lequel le vendeur sera tenu de mettre à fin l'instance en résolution.

Le poursuivant pourra intervenir dans cette instance.

Ce délai expiré sans que la demande en résolution ait été définitivement jugée, il sera passé outre à l'adjudication, à moins que, pour des causes graves et dûment justifiées, le tribunal n'ait accordé un nouveau délai pour le jugement de l'action en résolution.

Si, faute par le vendeur de se conformer aux prescriptions du tribunal, l'adjudication avait eu lieu avant le jugement de la demande en résolution, l'adjudicataire ne pourrait pas être poursuivi à raison des droits des anciens vendeurs, sauf à ceux-ci à faire valoir, s'il y avait lieu, leurs titres de créances dans l'ordre et distribution du prix de l'adjudication.

Le jugement d'adjudication dûment transcrit purge toutes les hypothèques, et les créanciers n'ont plus d'action que sur le prix. Les créanciers à hypothèques légales qui n'ont pas fait inscrire leur hypothèque avant la transcription du jugement d'adjudication ne conservent de droit de préférence sur le prix qu'à la condition de produire, avant l'expiration du délai fixé par l'art. 754, dans le cas où l'ordre se règle judiciairement, et de faire valoir leurs droits avant la clôture, si l'ordre se règle amiablement, conformément aux articles 751 et 752.

Art. 2. Les articles 749 à 779, C. P. C., sont remplacés par les dispositions suivantes :

Art. 749. Dans les tribunaux où les besoins du service l'exigent, il est désigné, par décret impérial, un ou plusieurs juges spécialement chargés du règlement des ordres. Ils peuvent être choisis parmi les juges suppléants, et sont désignés pour une année au moins, et trois années au plus.

En cas d'absence ou d'empêchement, le président, par ordonnance inscrite sur un registre spécial tenu au greffe, désigne d'autres juges pour les remplacer.

Les juges désignés par décret impérial, ou nommés par le président, doivent, toutes les fois qu'ils en sont requis, rendre compte à leurs tribunaux respectifs, au premier président et au procureur général, de l'état des ordres qu'ils sont chargés de régler.

Art. 750. L'adjudicataire est tenu de faire transcrire le jugement d'adjudication dans les quarante-cinq jours de sa date, et, en cas d'appel, dans les quarante-cinq jours de l'arrêt confirmatif, sous peine de revente sur folle enchère.

Le saisissant, dans la huitaine après la transcription, et, à son défaut, après ce délai, le créancier le plus diligent, la partie saisie ou l'adjudicataire dépose au greffe l'état des inscriptions, requiert l'ouverture du procès-verbal d'ordre, et, s'il y a lieu, la nomination d'un juge-commissaire.

Cette nomination est faite par le président, à la suite de la réquisition inscrite par le poursuivant sur le registre des adjudications tenu à cet effet au greffe du tribunal (1).

Art. 751. Le juge-commissaire, dans les huit jours de sa nomination, ou le juge spécial, dans les trois jours de la réquisition, convoque les créanciers inscrits, afin de se régler amiablement sur la distribution du prix.

Cette convocation est faite par lettres chargées à la poste, expédiées par le greffier et adressées tant aux domiciles élus par les créanciers dans les inscriptions qu'à leur domicile réel en France; les frais en sont avancés par le requérant.

La partie saisie et l'adjudicataire sont également convoqués.

Le délai pour comparaître est de dix jours au moins entre la date de la convocation et le jour de la réunion.

Le juge dresse procès-verbal de la distribution du prix par règlement amiable; il ordonne la délivrance des bordereaux aux créanciers utilement colloqués et la radiation des inscriptions des créanciers non admis en ordre utile.

Les inscriptions sont rayées sur la présentation d'un extrait délivré par le greffier, de l'ordonnance du juge.

Les créanciers non comparants sont condamnés à une amende de vingt-cinq francs.

Art. 752. A défaut de règlement amiable dans le délai d'un mois, le juge constate sur le procès-verbal que les créanciers n'ont pu se régler entre eux, et prononce l'amende contre ceux qui n'ont pas comparu. Il déclare l'ordre ouvert et commet un ou plusieurs huissiers à l'effet de sommer les créanciers de produire. Cette partie du procès-verbal ne peut être expédiée ni signifiée.

Art. 753. Dans les huit jours de l'ouverture de l'ordre, *sommation de produire est faite aux créanciers par acte signifié aux domiciles élus dans leurs inscriptions ou à celui de leurs avoués, s'il y en a de constitués,* et au vendeur à son domicile réel situé en France, à défaut de domicile élu par lui ou de constitution d'avoué (2).

La sommation contient l'avertissement que, faute de produire dans les quarante jours, le créancier sera déchu.

L'ouverture de l'ordre est en même temps dénoncée à l'avoué de l'adjudicataire. Il n'est fait qu'une seule dénonciation à l'avoué qui représente plusieurs adjudicataires.

Dans les huit jours de la sommation par lui faite aux créanciers inscrits, le poursuivant en remet l'original au juge, qui en fait mention sur le procès-verbal.

(1) Voy. Code de proc. art. 750, 751, 752.
(2) Voy. Code de proc. art. 753.

Art. 754. Dans les quarante jours de cette sommation, tout *créancier est tenu de produire ses titres avec acte de produit signé de son avoué et contenant demande en collocation. Le juge fait mention de la remise sur le procès-verbal* (1).

Art. 755. L'expiration du délai de quarante jours ci-dessus fixé emporte de plein droit déchéance contre les créanciers non produisants. Le juge la constate immédiatement et d'office sur le procès-verbal, et dresse *l'état de collocation sur les pièces produites.* Cet état est dressé au plus tard dans les vingt jours qui suivent l'expiration du délai ci-dessus (2).

Dans les dix jours de la confection de l'état de collocation, *le poursuivant la dénonce, par acte d'avoué à avoué, aux créanciers produisants et à la partie saisie, avec sommation d'en prendre communication et de contredire, s'il y échet, sur le procès-verbal dans le délai de* trente jours (3).

Art. 756. *Faute par les créanciers produisants* et la partie saisie *de prendre communication* de l'état de collocation et de contredire dans ledit délai, *ils demeurent forclos sans nouvelle sommation ni jugement ; il n'est fait aucun dire, s'il n'y a contestation* (4).

Art. 757. Lorsqu'il y a lieu à ventilation du prix de plusieurs immeubles vendus collectivement, le juge, sur la réquisition des parties ou d'office, par ordonnance inscrite sur le procès-verbal, nomme un ou trois experts, fixe le jour où il recevra leur serment et le délai dans lequel ils devront déposer leur rapport.

Cette ordonnance est dénoncée aux experts par le poursuivant ; la prestation du serment est mentionnée sur le procès-verbal d'ordre auquel est annexé le rapport des experts, qui ne peut être levé ni signifié.

En établissant l'état de collocation provisoire, le juge prononce sur la ventilation.

Art. 758. Tout contestant doit motiver son dire et produire toutes pièces à l'appui : le juge renvoie *les contestants à l'audience* qu'il désigne et commet en même temps l'avoué chargé de suivre l'audience.

Néanmoins, il arrête *l'ordre et ordonne la délivrance des bordereaux de collocation pour les créances antérieures à celles contestées ;* il peut même arrêter l'ordre pour les créances postérieures, en réservant somme suffisante pour désintéresser les créanciers contestés (5).

Art. 759. *S'il ne s'élève aucune contestation, le juge* est tenu, dans les quinze jours qui suivent l'expiration du délai pour prendre communication et contredire, *de faire la clôture de l'ordre ;* il liquide *les frais de radiation et de poursuite d'ordre qui* sont *colloqués par préférence à toutes autres créances ;* il liquide, en outre, les frais de chaque créancier colloqué en rang utile, et ordonne *la délivrance des bordereaux de collocation aux créanciers utilement colloqués, et la radiation des inscriptions de ceux non utilement colloqués. Il est fait distraction, en faveur de l'adjudicataire, sur le montant de chaque bordereau, des frais de radiation de l'inscription* (6).

---

(1) Voy. Code de proc. art. 754
(2) Voy. Cod. de proc. art. 755, 757.
(3) Voy. Cod. de proc. art. 755.
(4) Voy. Code de proc. art. 756.
(5) Voy. Code de proc. art. 758
(6) Voy. Code de proc. art. 759.

Art. 760. *Les créanciers postérieurs en ordre d'hypothèque aux collocations contestées* sont *tenus, dans la huitaine* après les trente jours accordés *pour contredire, de s'entendre entre eux sur le choix d'un avoué, sinon, ils* sont *représentés par l'avoué du dernier créancier colloqué. L'avoué poursuivant ne peut, en cette qualité, être appelé dans la contestation* (1).

Art. 761. *L'audience* est *poursuivie, à la diligence de l'avoué commis, sur un simple acte* contenant avenir pour l'audience fixée conformément à l'article 758 (2). L'affaire est jugée comme sommaire *sans autre procédure* que les conclusions motivées (3) de la part des contestés, *et le jugement contient liquidation des frais* (4). S'il est produit de nouvelles pièces, toute partie contestante ou contestée est tenue de les remettre au greffe trois jours au moins avant cette audience ; il en est fait mention sur le procès-verbal. Le tribunal statue sur les pièces produites ; néanmoins il peut, mais seulement pour causes graves et dûment justifiées, accorder un délai pour en produire d'autres ; le jugement qui prononce la remise fixe le jour de l'audience ; il n'est ni levé ni signifié. La disposition du jugement qui accorde ou refuse un délai n'est susceptible d'aucun recours.

Art. 762. Les jugements sur les incidents et sur le fond sont rendus sur le rapport du juge et sur les conclusions du ministère public (5).

Le jugement sur le fond est signifié dans les trente jours de sa date à avoué seulement, et n'est pas susceptible d'opposition. La signification à avoué fait courir le délai d'appel contre toutes les parties à l'égard les unes des autres.

L'appel est interjeté *dans les dix jours de la signification du jugement à avoué, outre un jour par* cinq *myriamètres de distance* entre le siége du tribunal et le domicile réel de l'appelant ; l'acte d'appel est signifié au domicile de l'avoué, et au domicile réel du saisi, s'il n'a pas d'avoué. Il contient *assignation et l'énonciation des griefs,* à peine de nullité.

L'appel n'est recevable que si la somme contestée excède celle de quinze cents francs, quel que soit d'ailleurs le montant des créances des contestants et des sommes à distribuer.

Art. 763. *L'avoué du créancier dernier colloqué* peut *être intimé s'il y a lieu* (7).

L'audience est poursuivie et l'affaire instruite conformément à l'article 761, sans autre procédure *que des conclusions motivées de la part des intimés* (8).

Art. 764. La Cour statue sur les conclusions du ministère public. *L'arrêt contient liquidation des frais ;* il est signifié dans les quinze jours de sa date à avoué seulement, et n'est pas susceptible d'opposition. La signification à avoué fait courir les délais du pourvoi en cassation (9).

Art. 765. Dans les huit jours qui suivent l'expiration du délai d'appel, et en cas d'appel dans les huit jours de la signification de l'arrêt, le juge arrête

(1) Voy. Cod. de proc. art. 760.
(2 et 3) Voy. Code de proc. art. 761.
(4 et 5) Voy. Code de proc. art. 762.
(6) Voy. Code de proc. art. 763.
(7) Voy. Code de proc. art. 764.
(8) Voy. Code de proc. art. 765.
(9) Voy. Code de proc. art. 766.

définitivement l'ordre des créances contestées et des créances postérieures, conformément à l'article 759.

Les intérêts et arrérages des créanciers utilement colloqués cessent à l'égard de la partie saisie [1].

Art. 766. Les dépens des contestations ne peuvent être pris sur les deniers provenant de l'adjudication.

Toutefois, le créancier dont la collocation rejetée d'office, malgré une production suffisante, a été admise par le tribunal sans être contestée par aucun créancier, peut employer ses dépens sur le prix au rang de sa créance.

Les frais de l'avoué qui a représenté les créanciers postérieurs en ordre d'hypothèque aux collocations contestées peuvent être prélevés *sur ce qui reste de deniers à distribuer, déduction faite de ceux qui* ont *été employés à payer les créanciers antérieurs.* Le jugement qui autorise *l'emploi des frais* prononce *la subrogation au profit du créancier sur lequel les fonds manquent ou de la partie saisie. L'exécutoire énoncera cette disposition et indiquera la partie qui doit en profiter* [2].

Le contestant ou le contesté qui a mis de la négligence dans la production des pièces peut être condamné aux dépens, même en obtenant gain de cause.

Lorsqu'un créancier condamné aux dépens des contestations a été colloqué en rang utile, les frais mis à sa charge sont, par une disposition spéciale du règlement d'ordre, prélevés sur le montant de sa collocation au profit de la partie qui a obtenu la condamnation.

Art. 767. Dans les trois jours de l'ordonnance de clôture, l'avoué poursuivant la dénonce par un simple acte d'avoué à avoué.

En cas d'opposition à cette ordonnance par un créancier, par l'adjudicataire ou la partie saisie, cette opposition est formée, à peine de nullité, dans la huitaine de la dénonciation, et portée dans la huitaine suivante à l'audience du tribunal, même en vacation, par un simple acte d'avoué contenant moyens et conclusions : et, à l'égard de la partie saisie n'ayant pas d'avoué en cause, par exploit d'ajournement à huit jours. La cause est instruite et jugée conformément aux articles 761, 762 et 764, même en ce qui concerne l'appel du jugement.

Art. 768. *Le créancier sur lequel les fonds* manquent *et la partie saisie, ont leur recours contre ceux qui ont succombé, pour les intérêts et arrérages qui ont couru pendant* les contestations [3].

Art. 769. *Dans les dix jours,* à partir de celui où l'ordonnance de clôture ne peut plus être attaquée, le greffier délivre un extrait de l'ordonnance du juge pour être déposé par l'avoué poursuivant au bureau des hypothèques. Le conservateur, sur la présentation de cet extrait, fait la radiation des inscriptions des créanciers non colloqués.

Art. 770. Dans le même délai, *le greffier* délivre *à chaque créancier colloqué un bordereau de collocation* exécutoire *contre* l'adjudicataire ou contre la Caisse des consignations [4].

---

(1) Voy. Code de proc. art. 767.

(2) Voy. Code de proc. art. 768 et 769.

(3) Voy. Code de proc. art. 770.

(4) Voy. Code de proc. art. 774.

Le bordereau des frais de l'avoué poursuivant ne peut être délivré que sur la remise des certificats de radiation des inscriptions des créanciers non colloqués. Ces certificats demeurent annexés au procès-verbal.

Art. 771. Le créancier colloqué, en donnant quittance du montant de sa collocation, consent *la radiation de son inscription. Au fur et à mesure du paiement des collocations, le conservateur des hypothèques, sur la représentation du bordereau et de la quittance du créancier,* décharge *d'office l'inscription jusqu'à concurrence de la somme acquittée.*

L'inscription d'office est *rayée définitivement,* sur la justification faite *par l'adjudicataire du paiement de la totalité de son prix, soit aux créanciers colloqués, soit à la partie saisie* (1).

Art. 772. Lorsque l'aliénation n'a pas lieu sur expropriation forcée, *l'ordre est provoqué par le créancier le plus diligent ou par l'acquéreur* (2).

Il peut être aussi provoqué par le vendeur, mais seulement lorsque le prix est exigible.

Dans tous les cas, l'ordre n'est ouvert qu'après l'accomplissement des formalités prescrites pour la purge des hypothèques (3).

Il est introduit et réglé dans les formes établies par le présent titre (4).

Les créanciers à hypothèques légales qui n'ont pas fait inscrire leurs hypothèques dans le délai fixé par l'article 2195 du Code Napoléon ne peuvent exercer de droit de préférence sur le prix qu'autant qu'un ordre est ouvert dans les trois mois qui suivent l'expiration de ce délai et sous les conditions déterminées par la dernière disposition de l'article 747.

Art. 773. Quel que soit le mode d'aliénation, *l'ordre ne peut être provoqué s'il y a moins de quatre créanciers inscrits* (5).

Après l'expiration des délais établis par les articles 750 et 772, la partie qui veut poursuivre l'ordre présente requête au juge spécial, et, s'il n'y en a pas, au président du tribunal, à l'effet de faire procéder au préliminaire de règlement amiable dans les formes et délais établis en l'article 751.

A défaut de règlement amiable, la distribution du prix est réglée par le tribunal, jugeant comme en matière sommaire, sur assignation signifiée à personne ou à domicile, à la requête de la partie la plus diligente, sans autre procédure que des conclusions motivées. Le jugement est signifié à avoué seulement, s'il y a avoué constitué.

En cas d'appel, il est procédé comme aux articles 763 et 764.

Art. 774. L'acquéreur est *employé par préférence pour le coût de l'extrait des inscriptions et des dénonciations aux créanciers inscrits* (6).

Art. 775. Tout créancier peut *prendre inscription pour conserver les droits de son débiteur ; mais le montant de la collocation du débiteur est distribué, comme chose mobilière, entre tous les créanciers inscrits ou opposants avant la clôture de l'ordre* (7).

Art. 776. En cas d'inobservation des formalités et des délais prescrits par les articles 753, 755, paragraphe 2, et 769 l'avoué poursuivant est déchu de la poursuite, sans sommation ni jugement. Le juge pourvoit à son rem-

(1) Voy. Code de proc. art. 774.
(2 et 3) Voy. Code de proc. art. 775.
(4) Voy. Code de proc. art. 776.
(5) Voy. Code de proc. art. 775.
(6) Voy. Code de proc. art. 777.
(7) Voy. Code de proc. art. 778

placement, d'office ou sur la réquisition d'une partie, par ordonnance inscrite sur le procès-verbal; cette ordonnance n'est susceptible d'aucun recours.

Il en est de même à l'égard de l'avoué commis qui n'a pas rempli les obligations à lui imposées par les articles 758 et 761.

L'avoué déchu de la poursuite est tenu de remettre immédiatement les pièces sur le récépissé de l'avoué qui le remplace, et n'est payé de ses frais qu'après la clôture de l'ordre (1).

Art. 777. L'adjudicataire sur expropriation forcée, qui veut faire prononcer la radiation des inscriptions avant la clôture de l'ordre, doit consigner son prix et les intérêts échus, sans offres réelles préalables.

Si l'ordre n'est pas ouvert, il doit en requérir l'ouverture après l'expiration du délai fixé par l'article 750. Il dépose à l'appui de sa réquisition le récépissé de la Caisse des consignations, et déclare qu'il entend faire prononcer la validité de la consignation et la radiation des inscriptions.

Dans les huit jours qui suivent l'expiration du délai pour produire fixé par l'art. 754, il fait sommation par acte d'avoué à avoué, et par exploit à la partie saisie, si elle n'a pas avoué constitué, de prendre communication de sa déclaration, et de la contester dans les quinze jours, s'il y a lieu. A défaut de contestation dans ce délai, le juge, par ordonnance, sur le procès-verbal, déclare la consignation valable et prononce la radiation de toutes les inscriptions existantes, avec maintien de leur effet sur le prix. En cas de contestation, il est statué par le tribunal sans retard des opérations de l'ordre.

Si l'ordre est ouvert, l'adjudicataire, après la consignation, fait sa déclaration sur le procès-verbal par un dire signé de son avoué, en y joignant le récépissé de la Caisse des consignations. Il est procédé comme il est dit ci-dessus, après l'échéance du délai des productions.

En cas d'aliénation autre que celle sur expropriation forcée, l'acquéreur qui, après avoir rempli les formalités de la purge, veut obtenir la libération définitive de tous privilèges et hypothèques par la voie de la consignation, opère cette consignation sans offres réelles préalables. A cet effet, il somme le vendeur de lui rapporter, dans la quinzaine mainlevée, des inscriptions existantes, et lui fait connaître le montant des sommes en capital et intérêts qu'il se propose de consigner. Ce délai expiré, la consignation est réalisée, et, dans les trois jours suivants, l'acquéreur ou adjudicataire requiert l'ouverture de l'ordre, en déposant le récépissé de la Caisse des consignations. Il est procédé sur sa réquisition conformément aux dispositions ci-dessus.

Art. 778. Toute contestation relative à la consignation du prix est formée sur le procès-verbal par un dire motivé à peine de nullité ; le juge renvoie les contestants devant le tribunal.

L'audience est poursuivie sur un simple acte d'avoué à avoué, sans autre procédure que des conclusions motivées; il est procédé ainsi qu'il est dit aux art. 761, 763 et 764.

Le prélèvement des frais sur le prix peut être prononcé en faveur de l'adjudicataire ou acquéreur

---

Art. 779. L'adjudication sur folle enchère intervenant dans le cours de l'ordre, et même après le règlement définitif et la délivrance des bordereaux, ne donne pas lieu à une nouvelle procédure. Le juge modifie l'état de collocation suivant les résultats de l'adjudication, et rend les bordereaux exécutoires contre le nouvel adjudicataire.

ART. 3.

L'art. 838 du C. P. C. est modifié ainsi qu'il suit :

Art. 838. Le surenchérisseur, même au cas de subrogation à la poursuite, sera déclaré adjudicataire si, au jour fixé pour l'adjudication, il ne se présente pas d'autre enchérisseur.

Sont applicables au cas de surenchère les art. 701, 702, 705, 706, 707, 711, 712, 713, 717, 731, 732 et 733 du présent Code, ainsi que les articles 734 et suivants relatifs à la folle enchère.

Les formalités prescrites par les art. 705 et 706, 832, 836 et 837, seront observées à peine de nullité.

Les nullités devront être proposées à peine de déchéance, savoir : celles qui concerneront la déclaration de surenchère et l'assignation, avant le jugement qui doit statuer sur la réception de la caution; celles qui seront relatives aux formalités de la mise en vente, trois jours au moins avant l'adjudication. Il sera statué sur les premières par le jugement de réception de la caution, et sur les autres, avant l'adjudication, et, autant que possible, par le jugement même de cette adjudication.

Aucun jugement ou arrêt par défaut en matière de surenchère sur aliénation volontaire ne sera susceptible d'opposition.

Les jugements qui statueront sur les nullités antérieures à la réception de la caution, ou sur la réception même de cette caution, et ceux qui prononceront sur la demande en subrogation intentée pour collusion ou fraude, seront seuls susceptibles d'être attaqués par la voie de l'appel.

L'adjudication par suite de surenchère sur aliénation volontaire ne pourra être frappée d'aucune autre surenchère.

Les effets de l'adjudication à la suite de surenchère sur aliénation volontaire seront réglés, à l'égard du vendeur et de l'adjudicataire, par les dispositions de l'art. 717 ci-dessus; néanmoins, après le jugement d'adjudication par suite de surenchère, la purge des hypothèques légales, si elle n'a pas eu lieu, se fait comme au cas d'aliénation volontaire, et les droits des créanciers à hypothèques légales sont régis par le dernier alinéa de l'art. 772.

Art. 4 — Dispositions transitoires.

Les ordres ouverts avant la promulgation de la présente loi seront régis par les dispositions des lois antérieures.

L'art. 692, tel qu'il est modifié par la présente loi, sera appliqué aux poursuites de saisie immobilière commencées lors de sa promulgation dans lesquelles l'art. 692 de la loi précédente n'aura pas encore été mis à exécution.

www.ingramcontent.com/pod-product-compliance
Lightning Source LLC
LaVergne TN
LVHW021132200726
843510LV00001B/67